CHANTONS SOUS LES LARMES

DE LA MÊME AUTEURE

L'Art de ne pas être grand-mère
Calmann-Lévy, 2016

AGATHE NATANSON

CHANTONS SOUS LES LARMES

Lettres à Jean-Pierre Marielle

ÉDITIONS DU SEUIL
57, rue Gaston Tessier, Paris XIXe

ISBN 978-2-02-154824-2

www.seuil.com

À mes deux amours,
à leur complicité et à leur présence indéfectibles,
Philomène et Baptiste

À mon avenir radieux peut-être,
Madeleine et Robinson

À mon présent raisonnable et joyeux,
Roméo

« Je voudrais que tu sois là
Que tu frappes à la porte
Et tu me dirais c'est moi
Devine ce que je t'apporte
Et tu m'apporterais toi. »

Boris Vian,
« Berceuse pour les ours partis »

« Hope is optimism with a broken heart. »

Nick Cave

Jean-Pierre chéri,

On devrait écrire un manuel qui s'intitulerait « Veuve mode d'emploi ». Comme pour un appareil ménager très sophistiqué. Un mode d'emploi pour sécuriser les veuves, les rassurer, les mettre sous grande protection. C'est très fragile, une veuve, ça peut se casser comme une boule de Noël. Une veuve, c'est une poupée qui a perdu son enfant roi, son protecteur, son tyran parfois. Une entité qui a perdu son référent, un croyant qui a perdu sa foi, un voleur qui a perdu son larcin, un chien qui a perdu son maître, ou tout simplement une femme qui a perdu son amour, son homme.

Jeunes, vieilles, toutes ont en commun le chagrin d'avoir pour toujours cette absence à porter, à chérir, ce rêve évanoui, cette histoire qu'elles ne peuvent plus partager et dont la fin s'écrit toujours trop tôt. Sans prévenir, sans crier gare, une force maléfique, venue ruiner un avenir qu'on croyait naïvement éternel.

Oui, un mode d'emploi pour apprendre à vivre

la fin et surtout l'après. Un poème peut-être, ou une chanson. Une prière, un credo, quelque chose pour endiguer le désarroi et la grande tristesse qui habillent la veuve de brume et de grisaille. Les dix commandements de la veuve, un petit livre rose que je garderais pour qui un jour en aurait besoin.

Éventuellement, on pourrait le mettre en ligne, ce mode d'emploi, le déposer au pied des immeubles, prospectus refusé dans les boîtes aux lettres des habitants sans veuve, on pourrait le distribuer dans le métro ou le TGV. Il ferait partie de la vie et ce ne serait pas dramatique à lire, il ferait partie de notre quotidien, comme le mode d'emploi d'une cafetière. Et les veuves n'auraient qu'à ouvrir un tiroir de leur psyché pour se sentir accompagnées dans cet inconnu qu'est le veuvage, volage, voyage, élagage, grand âge...

Agathe

Attention violent

J'ai été enceinte pendant vingt-cinq ans. J'ai fait mieux que l'ourse, mieux que l'éléphante. Mon bébé à moi a mis tout ce temps avant de déclarer officiellement sa venue. Alors ces mots doux sont pour lui, mon incroyable nouveau-né. Je n'aime pas la vieillesse, et ce bébé tardif est le bienvenu, il me fait me sentir si jeune encore ! Je régresse, un vrai bonheur, le soir pour me rassurer je prends mon nounours dans les bras. Être mère à..., c'est quand même angoissant. Cette nuit mon bébé a cassé tous mes joyeux souvenirs, mes boules de Noël, mes boules de neige, mes boules de rêves. Il a tout cassé. J'ai pleuré, oui, j'ai pleuré sur ce bébé malvenu, mal foutu, à moitié autiste, à moitié pervers, à moitié mort-né. J'avance à reculons dans le monde de la folie, de la maladie, avec ce vieux bébé, j'avance et je sais que la partie désormais est perdue. Je suis dans l'univers carcéral de la démence, inapte à vivre cette explosion de violence, malgré les petits bonheurs quotidiens, bonheurs à la coque, bonheurs frivoles couleur au bonheur des dames. J'ai résisté à toutes sortes de tentations, l'étouffer, le malmener, le bercer, le materner, mon bébé d'amour, et j'ai choisi de l'aimer envers et contre tout, envers et contre tous. Je suis en attente dans les starting-blocks de l'abandon. Je m'empresse de rire de tout, de crainte d'être obligée d'en pleurer. Seule, si seule avec ce bébé monstrueux sans père, sans berceau, sans papiers, sans pedigree, ce bébé ange qui m'obsède, me dévore, me détruit et me sacralise. Hier tellement joyeuse, joueuse, légère, amoureuse, rêveuse. Aujourd'hui, toute petite souris qui n'arrive plus à se cacher, à tricher, à déjouer cette vérité absurde, je ne sais plus quoi faire de ce bébé, épuisée par une fatigue dévastatrice. L'oublier derrière une porte, le déguiser en clown triste ou le réduire façon Jivaro ? Non, je choisis de l'aimer follement. Sainte Agathe, priez pour moi s'il vous plaît. Le soir dans mon lit, position fœtale pour retrouver ma maman, ses douceurs, sa tendresse. *Help*, maman, si froid dehors si doux dedans. Une chanson douce…

Chagrin

Chagrin, quel joli mot. C'est doux, chantant, lumineux. Chagrin, c'est un doudou qu'on retrouve dès le matin en ouvrant les rideaux de la chambre. Chagrin, c'est une petite chanson qui trotte dans la tête dès le petit déjeuner. Chagrin, c'est un leitmotiv étrange, retranché dans tous les recoins de la maison, qui joue à cache-cache avec les sentiments fluctuants qui m'habitent. Chagrin, c'est ton absence, ton fauteuil vide dans le salon, ta veste en tweed, posée, inutile, sur le dossier d'une chaise abandonnée. Chagrin, c'est toutes les questions sans réponse. Chagrin, c'est la chanson sans paroles qu'on ne peut plus fredonner. Chagrin, c'est mon visage défait devant la glace quand les larmes se sont taries. Chagrin, c'est les repas sans appétit. Chagrin, c'est l'absence de projets pour la soirée. Chagrin, c'est les souvenirs qui reviennent en flot continu. Chagrin, c'est l'envie de te serrer dans mes bras. Chagrin, c'est le besoin de sortir avec toi, de marcher dans les rues sans but, pour le plaisir de sentir nos corps s'accorder. Chagrin, c'est l'impossibilité de rentrer avec toi à la maison. Chagrin, c'est ce mot qui contient tant de fragilités, tant de drames, tant de renoncements.

Je pourrais m'appeler madame Chagrin, bonjour, comment allez-vous ce matin, madame Chagrin ? Bien, je vous vois tout auréolée de chagrins divers et variés. Le chagrin vous va fort bien, madame Chagrin, c'est un véritable et précieux trésor ! Quelle chance ! Si vous êtes porteuse de chagrin, c'est que vous avez été heureuse, aimée, et que ce chagrin petit porte-bonheur est à l'aune de ces grands sentiments. Oui, c'est un joli mot décidément, le mot chagrin, il faut juste bien en comprendre le sens caché, l'apprivoiser avec tendresse et vivre avec comme avec un compagnon, certes un peu oppressant, mais auquel on peut s'habituer. Chagrin, c'est une fleur épinglée à la boutonnière d'une veuve qui a gardé le goût du bonheur. Chagrin, c'est un trèfle à quatre feuilles.

Progrès

J'avance bien dans ma nouvelle vie en solitaire, fière de moi. Je me tiens droite, je règle mes problèmes informatiques, je paie mes impôts, mes contraventions, je range mes photos, mes papiers d'intermittente de la vie, j'honore mes rendez-vous, je n'en décommande presque plus ! Je souris, je ris, je dors, je fais des projets loin des cimetières et des cercueils de carton destinés à la crémation, j'ai des envies de restaurant, de voyage, de plage, de neige, de concert, de musique sauf le jazz encore trop bouleversant. Je rêve de vous, je dis vous parce qu'il me semble que nous devons de nouveau faire connaissance, vous m'intimidez maintenant que vous êtes dans votre nouveau monde. Sortons, allons prendre le thé et refaisons le chemin inverse, ce sera amusant de revivre le charme de la rencontre, je suis prête, j'ai retrouvé la station debout, vos yeux peuvent croiser les miens, je suis forte de ces mois sans vous et l'inconnu ne me fait plus peur. Venez, j'ai des choses à vous dire, le temps n'a plus d'importance, il se dissout, et la force de notre amour forge un nouveau mode d'emploi… du temps. Je me lasse du je, du jeu, passons au nous,

nous allons mieux, nous allons bien même, nous allons décrocher la lune et faire un pied de nez à la vie en continuant d'être celle que vous aimiez. Ma plus belle histoire d'amour c'est vous… N'oublions pas les paroles, le refrain est éternel et vous êtes là près de moi, près de nous. Merci de m'avoir tant aimée.

Les chansons se sont tues

Les chansons, ces chansons : *La Ballade des gens heureux*, non je ne peux pas écouter *La Ballade des gens heureux*, Françoise Hardy non plus, *Tous les garçons et les filles*, Reggiani peut-être, pour la tristesse du répertoire, ou Barbara, Dis quand reviendras-tu, dis, au moins le sais-tu, que tout ce temps perdu...

J'avance pourtant, tu pourrais être fier de moi et me le dire. J'ai de nouveau l'air vivante, la voix gaie, le cheveu ébouriffé comme aux jours de fête. Je trouve même du plaisir à m'habiller, me maquiller, exister comme avant. Je vais rejouer bientôt, donc sourire, faire l'actrice, je vais être en représentation, je vais retrouver la loge, la scène, le superficiel de la vie, c'est aussi cela, ce travail, parfois. Je vais te revoir en coulisses, ton ombre va m'accompagner, je vais faire en sorte que tu sois fier de moi. « Joue bien, tu me l'as promis », disais-tu, et je me sentais des ailes pour être à la hauteur, je ne dis pas à ta hauteur.

Mais les chansons que tu aimais, je ne peux plus les écouter. Monsieur mon passé, laissez-moi passer, tu aimais tellement ces paroles de Léo Ferré. Je ne peux plus écouter de jazz, non plus, trop de souvenirs à fleur de peau, à fleur d'âme, à fleur de cœur.

Des fleurs, j'ai acheté des fleurs, je fleuris ta maison, ta photo, je fleuris ma vie, je deviens terriblement personnelle, je ne dis plus nous mais JE. Est-ce le début d'un égotisme forcené ? Il faudra que je me surveille, ce je je je, je devrais peut-être dire elle, elle va mieux, elle a des projets, elle cherche à être très occupée, elle veut voyager, cuisiner, s'instruire, elle vit, elle a un chien, elle… À quoi bon, tu es parti, mon amour. Tous les garçons et les filles de mon âge, mais il n'y a pas d'âge pour aimer. Et elle te cherche pour te dire je t'aime. Dis quand reviendras-tu ? Monsieur mon passé, laissez-moi passer. Merci d'avoir été là.

T'écrire

Oui, c'est devenu un rendez-vous capital ou indispensable pour moi. C'est une façon de se rencontrer inhabituelle, mais cette idée de te retrouver clandestinement, un peu au bonheur de la dame, me charme tant. Il n'y a pas d'heure, pas de jour, pas de tenue, pas d'obligation. C'est doux, c'est adorable, c'est secret, personne pour juger, blâmer ou critiquer. Personne pour se moquer ou s'attrister, juste toi et moi dans un dialogue ou plutôt un soliloque bienheureux. Je peux même faire revenir les mauvais moments, cela ne reste qu'entre nos murs. Je peux les exorciser, ces dernières semaines, ces dernières douleurs, ces angoisses incessantes, obsédantes, ce chagrin incurable, qui étaient la toile de fond de mes jours, et de mes nuits surtout. Je peux maintenant m'opérer à cœur ouvert, je ne te ferai pas de peine, tu me prendras peut-être dans ton aura lumineuse et j'irai mieux, j'irai bien, j'irai avec toi où tu voudras quand tu voudras.

Nostalgie

On pourrait trouver d'autres formes d'expression pour mettre les mots en ribambelle, en ritournelle, pour égayer le propos, tromper l'ennemi qui guette derrière l'envie de se confier, de s'épancher, de se retrouver au milieu de ce galimatias de sentiments multiples et confus. Oui, une grande confusion des sentiments, une sorte d'immense cabas rempli de souvenirs. Je suis la fée Carabosse toute cabossée, ballottée dans les autos tamponneuses, et je ne m'amuse pas du tout dans cette fête foraine ratée.

Je n'ai jamais vécu seule. C'est une expérience négative pour moi, je n'y trouve aucune joie particulière, et cette liberté ne m'apporte que désolation et ennui. Il faudrait pouvoir rayer plusieurs mots du vocabulaire quotidien, inventer une langue où n'existeraient pas les mots « passé », « souvenirs », « partager », « tête-à-tête »... Ils ne seraient que d'éventuels passants dans des phrases éphémères et faciles à effacer.

Pourtant il y a la douceur de certains souvenirs qui remontent comme de petits goujons la rivière, et cela, c'est joyeux. Les premiers instants de notre rencontre, le premier film, à la Pagode, *Everybody Says I Love You*, prémonitoire ! Les premiers dîners, la première fois dans ta campagne, ta jolie maison de grand-mère, la rencontre avec tes amis Serge et Sophie, je m'étais acheté une nouvelle robe pour te plaire, pour leur plaire.

Te faire vivre en t'écrivant des lettres, c'est peut-être l'acte le plus théâtral et le plus agressif de ces dernières semaines. C'est à la fois invasif et libérateur, tu es si présent, si proche, c'est troublant, et bizarrement vivifiant. Je retrouve mon arbre, et les branches me protègent, comme le saule pleureur de Précy qui étendait son ombre sur moi au petit déjeuner. Saule pleureur, veuve pleurant. « Mon Dieu, mon Dieu, la vie est là, simple et tranquille. » Oui, c'était bien comme cela, simple mais pas si tranquille.

Voyagerons-nous encore ?

Depuis ton grand départ pour ton voyage en éternité autour du ciel, j'ai moi aussi des envies d'ailleurs. Je me noie dans des piscines de villas sublimes, six chambres six salles de bains, que je ne louerai jamais, je me prélasse dans des palaces sur la côte amalfitaine, un verre de prosecco à la main, je marche sur des sentiers bordés de petites maisons roses et bleues en Suède. Je voyage au hasard des expositions, la Biennale à Venise, le Chelsea Flower Show à Londres, Art Basel à Bâle, j'ai tant d'envies, tant d'idées.

Hélas, ces rêves se font entre vingt-deux heures trente et minuit. Au matin, les belles envolées retombent comme un soufflé. À quoi bon ces voyages sans toi ? Au début, j'ai fait le petit cheval blanc, tous derrière tous derrière et lui devant, j'ai visité Vienne et Stockholm. Maintenant c'est fini, ils sont tous devant et moi, et moi, et moi je te cherche dans les villes que nous aimions, j'y retrouve ta silhouette et tes casquettes usées, et ça me convient bien. J'ai rétréci mes demandes, j'ai adapté mes rêves à ce qui ne me serre pas trop le cœur, à ce qui ne me fait pas trop mal, à toi. J'aime retourner dans les lieux qui nous ont vus heureux. J'y retrouve un peu de la douceur des couchers de soleil et de nos baisers tendres… *So long*, mon amour. À Rome, tu avais mis ta main dans la Bocca della Verità et tu avais dit : « Je t'aime. » J'aimerais retourner à Rome, ce n'est pas si loin et il y fait chaud. Et à Florence aussi, où nous avions acheté des alliances sur le Ponte Vecchio. Cliché.

Ambivalences

J'ai envie de tout jeter, de tout ranger, les papiers, les disques, les livres, j'ai envie de tout oublier, de tout balayer dans le palace délabré, fissuré, intérieur de mon cœur abîmé. J'ai envie de neuf, de clair, de lumineux. J'ai envie de changer le décor, les couleurs de la vie, les couleurs du chagrin. J'ai envie de jardins, de campagne, de maisons neuves, de pays qui n'existent pas, de musiques harmonieuses baroques. J'ai envie de promenades irréelles, gracieuses, inventées et flottant comme des voiles de mariée. J'ai envie de tout, de rien, de toi.

Je me cogne aux extrêmes comme un papillon noir et pourtant je m'accroche à mon quotidien, je ne jette rien, je ne range rien. Je me love dans cet univers protecteur qui est le mien et je te retrouve au détour d'un couloir, dans ton bureau envahi de scénarios annotés et barbouillés de tes ratures studieuses, dans le placard où tes habits t'attendent. Je m'attache à ce passé heureux qui me protège et m'aide à vivre. On peut même jouer à cache-cache tous les deux avec un peu d'imagination, ou à qui perd gagne. Si je reste dans ce lieu que j'aime tant, je referai les peintures, et les couleurs des murs seront garantes de mon envie de ne rien perdre de toi, illusoire pansement sur une plaie qui cicatrise malgré moi, malgré elle, une plaie nommée la vie.

La porte est entrouverte

Apprendre tout doucement à s'aimer soi-même. Peu à peu, revivre. Prendre le temps d'observer son chien qui joue à la balle, heureux. Aimer sa petite-fille qui rit avec une amie au bord de l'eau. Les regarder s'amuser à s'inventer des looks improbables avant de sortir dîner au restaurant. Regarder les gens heureux sans avoir mal. Faire un voyage, une promenade, une rencontre. Faire la cuisine, étendre le linge. La vie revient lentement par la porte entrouverte, jouir de ce nouveau rythme, de cette petite musique qu'on ne connaissait pas, mais dont les notes sont moins grinçantes qu'on pouvait l'imaginer et qui peut-être berceront les jours à venir. Espoir de ce matin plus doux au sortir d'un zona dévastateur. Espoir.

La liste de mes trésors

Le Festival de Cannes. L'anniversaire de Jean. L'hommage à Jean-Paul au Festival Lumière à Lyon. *Le Père* avec Robert Hirsch, et ton amour du comédien qu'il était. Ton admiration sans bornes pour Michel Bouquet. Les générales au Théâtre Édouard-VII et les fêtes qui suivaient les spectacles, merci Zana, merci Bernard. Les festivals divers et animés, les premières de films, les dîners entre amis, les tête-à-tête au restaurant, les voyages, les découvertes partagées, les émerveillements en Tanzanie et les éblouissements à Venise, ou New York.

Je me réjouis dans mon malheur d'avoir tout cela en héritage dans mon bagage. Je repasse chaque souvenir comme un petit mouchoir de dentelle précieux, puis je le range comme un doudou d'enfance. J'aime l'enfance et c'est aussi ce que j'aimais chez toi, tu ne me demandais pas d'être une madame, je n'avais pas besoin d'être une autre. Je n'avais pas besoin d'être plus femme, plus jolie, plus drôle, plus intelligente, plus responsable, plus mature. Tu m'aimais comme je suis et c'était merveilleux, tu me laissais libre et, comme une enfant, tu me laissais grandir. Je ne crois pas que tu aurais aimé me savoir veuve, je ne crois pas que tu aimes me laisser seule le soir à la maison. Alors, mon chéri, je t'espère, je t'attends, je te cherche et parfois, comme ce soir, je te trouve. Le canapé est toujours là, tes disques aussi, comment ai-je pu te survivre ? *The Last Waltz*.

Bénévolat

Les galas, la préparation des galas, les levées de fonds. C'est le jargon adéquat pour dire qu'en fait on cherche et on recueille des sous pour financer la recherche médicale. C'est une des activités de cette fondation dans laquelle je suis fortement impliquée, motivée par ce que j'ai vu et connu toutes ces dernières années. Maman, toi, les autres, tous les autres côtoyés de si près. Je me débats avec mes petits moyens, mon petit réseau, ma force ou ma faiblesse selon le cours des événements.

Je cherche des idées avec un petit groupe de femmes, un tout petit groupe de bénévoles, touchées elles aussi par cette maladie qui a fait de nous des aidantes, quel vilain mot, on devrait dire des aimantes. On cherche ensemble ce qui pourrait séduire, lors d'une soirée de fête, un public prêt à investir une petite ou une grosse somme pour financer ce qu'on appelle à la fondation des minutes de recherche.

J'aime ces rendez-vous loin de notre métier, loin de ma vie d'avant, qui me font devenir une autre moi-même, peut-être un peu moins légère mais plus utile sans doute, plus responsable, moins enfantine.

Nous allions nous-mêmes dans ces galas, photographiés pour y montrer ta présence dans les journaux people. Ironie du sort. Même la première dame est venue soutenir les efforts que nous déployons pour faire de ces soirées des succès. C'est important d'aider, chacun selon ses moyens, ce que nous mettons tout notre cœur à organiser.

Je t'ennuie peut-être avec le sérieux de cette lettre. Après tout, cette vie, la mienne, ne te concerne plus vraiment. Tu me prépares sans doute un au-delà joyeux, nous ferons une promenade, de nuage en nuage, et à mon tour j'oublierai tout. Oui, mon chéri, j'oublierai tout.

Août

Premier mois d'août seule à Paris. Vacuité totale. La solitude se transforme en une retraite monacale, je m'éloigne des autres, du monde des vivants, de ceux qui se parlent, partagent, aiment, se disputent aussi sans doute. Je vis ce moment étrange comme un renoncement au deuil. Je lâche prise. Je flotte un peu, les petites pilules roses probablement. Je ne veux pas renoncer à ma peine, je ne veux pas l'abandonner, elle est mon socle, je veux bien l'embellir, mais en aucun cas y renoncer. Réflexe judéo-chrétien ou signe de mon si grand attachement ?

Demain je serai en partance pour refaire avec mes petits-enfants ce merveilleux voyage en Tanzanie. Tu étais heureux de découvrir les joies de la famille et tu nous faisais tellement rire avec tes extravagances. Oui, tu avais la tenue du parfait baroudeur en safari et, tout content de porter ce costume exotique, tu en gardais tous les accessoires même en plein soleil, dans la jeep décapotée ! Mon Dieu, comme tu me manques…

Voyage

Remettre mes pas dans nos pas, repartir en Tanzanie sur les traces de nos premières vacances tous ensemble, un semblant de famille, une harmonie précaire mais parfaite en ce temps-là. Beauté bouleversante partagée avec allégresse, découverte stupéfiante, amusement.

Je suis retournée dans les mêmes lieux, à la recherche des mêmes émotions, des mêmes surprises, du même enthousiasme, mais sans toi. Pourtant tu étais étonnamment près de moi dans cet éden africain, tellement près même que ton absence n'était plus douleur mais espoir. Espoir de te retrouver un jour et certitude naïve d'un nouveau bonheur. Je touchais l'âme de ce pays par le divin que la savane offre dans son immensité, les baobabs, les gnous, les animaux intemporels, indifférents à notre passage. Tu étais là partout avec moi, si proche que la tristesse n'avait plus sa place.

Miracle du voyage lointain, miracle de la force des lieux, miracle de l'abandon du quotidien et de l'envie si forte des retrouvailles ? Garde ta main dans la mienne, marchons ensemble comme ces derniers jours, si près l'un de l'autre que la douleur n'existait plus.

Hakuna matata, Karibu.

Les sardines

Écrire sur les sardines, la boîte de sardines, quelle idée ! C'est pourtant le symbole fondamental de la veuve... du moins de celle que je suis ! C'est très important, la boîte de sardines, c'est un déjeuner sans entrain mais goûteux et nourrissant, il n'y a quasiment pas de vaisselle à faire, ça ne demande aucune préparation, pas d'attention particulière, c'est joli dans l'assiette quand elles sont bien alignées, sorties de leur enfermement, c'est sans danger d'étouffement ou de dent cassée, comme sur un os de poulet, par exemple, c'est plein d'Oméga 3, donc tout bien pour la peau de la veuve qui pourrait se faner faute d'amour, et puis économiquement c'est très satisfaisant.

Alors oui, c'est important de parler ici des sardines. Elles font partie de ma nouvelle vie, on m'en offre souvent et je les chéris, comme je chéris ceux qui me les offrent, c'est un symbole d'amour et d'amitié la boîte de sardines. C'est un peu comme si on m'offrait de la bienveillance dans des boîtes joliment illustrées. Parfois ces boîtes sont de véritables œuvres d'art que je conserve... ah ah ah. Elles me font voyager : Portugal, Espagne, Suède, Bretagne. Il faut considérer la boîte de sardines comme un antidépresseur marin pour les jours de grand spleen et de grand ciel nostalgique, gris cafard, couleur de crépuscule tant redouté. Je voudrais un jour écrire un poème sur les boîtes de sardines, je leur dois beaucoup. Je les stocke dans un placard, elles m'attendent, impérissables, rassurantes, aimantes. Amies sardines, merci.

Personnalité

Tu avais des fulgurances si drôles, si pertinentes. À un acteur récemment récompensé qui venait dîner chez nous, tu avais lancé un Ave César tonitruant. Au restaurant, pour une bouteille que tu voulais qu'on renouvelle, tu disais au serveur ébahi : « On va rhabiller la gamine ! » C'était populaire. Toi, grand lecteur de Beckett et Calet, tu aimais le vocabulaire fleuri, imagé. Cela te réjouissait. Un peu de gaillardise t'amusait, sans vulgarité pourtant. C'était joyeux et tu as fait perdurer auprès de nos amis cette gaieté de la langue du XIXe siècle. Tout cela me manque. Qui d'autre aurait cette fantaisie innée, qui d'autre pourrait surprendre d'une phrase ou d'un mot ? Je m'ennuie peut-être au milieu de la conversation des autres, dans les dîners mondains. C'est normal, mes références sont tellement dépendantes de toi. Tu étais si imprévisible.

Avec toi, j'étais comme l'enfant qui entre en maternelle, je découvrais un autre univers, une autre façon de vivre, d'écouter, de comprendre la poésie et la littérature. J'étais vierge de tant de connaissances, le jazz, la peinture allemande, Rothko, la campagne.

Ma vie était autre avant toi et c'est ce renouveau magnifique qui a été la joie de notre vie commune. Malgré le passé, tout était inédit pour moi, tout était comme neuf. Pour toi aussi, c'était une expérience nouvelle, cette vie commune heureuse, petit à petit tu te défaisais de ta peur et tu apprivoisais le charme de la vie bourgeoise quand elle donne ce qu'elle a de meilleur, une forme de pérennité. Tu comprenais que la vie pouvait se partager et que ta liberté n'en serait en rien altérée, elle resterait intacte et tes jardins secrets inviolés, tu étais enfin en paix avec la vie conjugale et tu m'as demandée en mariage. Mon amour, me voilà donc veuve.

La demande en mariage

Dans tout mon fouillis, j'ai retrouvé ce petit mot de lettre. Ah ce goût des échanges épistolaires qui nous unissait déjà ! Je ne résiste pas à l'envie de la relire ici avec toi :

Mon chéri,

C'est bien que tu sois parti chez les Teutons. Cela me fait un sous-prétexte pour t'écrire. Je suis au café Le Rostand, face au Luxembourg. Je suis très émue de ta proposition d'épous'aïe aïe, aïe, aïe, entre le haddock et les cerises de l'été. C'est émouvant. Toi qui as tellement la phobie du mariage et tellement peur de l'après-signature, genre pouvoir, mouchoir, foutoir, devoir. Quelle preuve d'amour ? D'inconscience ?

C'est tentant d'accepter ne serait-ce que pour te prouver le contraire et t'apprendre en longs devoirs de vacances prolongées que c'est peut-être ça, aussi, le bonheur, la vie avec toa, malgré la signature, malgré le nom donné. Mais, tu sais, je suis aussi bien heureuse comme cela, alors ne me marie pas pour me faire grande Madame Marielle, ou pour me rassurer.

Je suis bien aussi comme cela. Ta femme de cœur et ta femme de couette, je la suis déjà, et moi non plus, je veux que rien ne change. Je ne veux surtout pas être ta femme d'habitude ou de convention, ta femme acquise ou ta femme fatale, je ne veux être qu'une banquise incertaine, mais pas glacée, et surtout être ton aimée, aimante, amante.

J'ai peur que le haddock ne te soit monté à la nage à la tête, tellement je n'en reviens pas. Tu as le don de l'imprévu, j'aime ça, et je t'aime, toi.

Madame Marielleson, dite Natanrielle
Juillet 2002.

La maison de Paris

On me dit : « Quitte cet endroit, vis ailleurs, dans un lieu sans souvenirs, sans attaches, sans fantôme. » En fait un lieu sans toi… Comment serait-ce possible ? Quitter la maison, ta maison, ce lieu des balbutiements de notre rencontre, ce lieu des premières émotions, ce lieu qu'il m'a fallu apprivoiser, apprendre à aimer, ce lieu que tu avais habité avant moi, qui avait vécu d'autres rires, d'autres baisers, d'autres amours sans doute, ce lieu sur lequel j'ai fantasmé, ce lieu mystérieux, secret, qui m'était totalement étranger, ce lieu qui m'a demandé de faire un travail sur moi pour l'accepter, l'aimer, m'y plaire.

Et pourtant, je dis encore « la maison de Jean-Pierre ». C'est ta maison, j'y suis une pensionnaire heureuse, je m'y suis attachée, c'est chez toi et c'est aussi chez moi puisque nous ne faisons plus qu'un maintenant. Comment mettre ta vie dans des cartons, même s'ils sont orange, comment jeter les agendas, les coupures de presse, les manuscrits, les habits, enfin comment vivre sans toi, déménager c'est te remettre dans ta grosse boîte moche et filer à l'anglaise. En déménageant, j'enterrerais une deuxième fois des milliers de moments d'exception.

Ta femme

Il m'arrive sournoisement de me souvenir que, oui, j'étais ta femme. Ta femme, être ta femme, avoir été ta femme, et c'est comme un petit choc, un petit orage qui précède une grosse pluie.

Tu es parti, et je n'ai pas été assez consciente du caractère si précieux des moments de complète intimité, des moments de retrouvailles après les tournages, de cette complicité joyeuse ou bouleversante, selon le texte et le contexte, sur scène, de cette union parfaite, pas toujours sans doute, mais tellement riche, épanouissante, exaltante même.

Ta femme, en ai-je assez profité ? Non. Tes yeux, ton sourire, ta voix si fortement commentée. Ton rire, tes cafards inexplicables, inexpliqués. Tes doutes, tes excès, toi, toi. Mon Dieu que tu me manques dans ce paradis où je passe mes vacances après avoir cassé mon cochon pour revivre les mêmes émotions… sans toi. C'étaient tes bras qui m'enlaçaient pendant toutes nos premières années. Et puis un jour l'ordre des choses a changé et ce sont les miens qui t'ont enserré pour te guider dans ta nuit, pour te rassurer, pour accompagner ton adieu.

J'étais ta femme, je suis ta veuve, et j'ai l'impression d'être dépositaire d'un trésor. Le trésor d'avoir partagé ce qui échappait aux autres, d'avoir eu de toi, homme public le plus secret qui soit, et que je ne voudrais pas trahir en écrivant ces lettres, ce que tu cachais si pudiquement. J'arrête, j'ai peur de te tromper, de me tromper.

Petite chèvre de monsieur Seguin

Grâce à toi, j'ai encore la chance d'exister. J'ai encore la chance et la possibilité de réaliser des prouesses qui sans toi ne pourraient se concrétiser. Ton nom m'ouvre des portes et je suis à l'origine de projets qui me portent parfois sans états d'âme douloureux ! Je démarche comme un marchand de tapis des amis pour que des galas voient le jour ou la nuit, je mets un coup de projecteur sur l'envie que j'ai de prouver que, avec ton aide venue d'ailleurs, je vais y arriver. Je mène un petit combat, chèvre de monsieur Seguin mal attachée. Je veux être en retrait et pourtant je monte au front. Je cherche comment faire pour que ta mort, dans cette grotte sombre de l'oubli, ne soit pas qu'un départ sans conséquence, je veux aider, consoler, prendre dans mes bras la terre entière, je suis remplie d'empathie et de commisération, au sein d'un monde implacable, inclassable, je suis une mère orang-outang soucieuse d'une espèce que je voudrais en voie de disparition, je me sens forte, parfois si forte, d'avoir vécu toutes ces tempêtes, et je voudrais sauver nos pères, nos mères, nos amours, perdus dans cette démence-là. Je ne me reconnais pas mais pour toi, pour eux, j'irai encore un peu plus loin. Le petit cheval dans le mauvais temps... En avril prochain nous pleurerons nos cinq ans l'un sans l'autre. J'aimerais que tu sois fier de moi.

Tous les matins d'un monde nouveau

Tous les matins s'inventer un projet, réel ou fictif. Vivre de projets. Aller au marché, faire une soupe de cresson, traire les vaches même si on n'en a pas. S'imaginer en train de traire la Finaude. Rentrer les chaises longues au sec, il va sans doute pleuvoir. Faire du bénévolat. Trouver des idées en vue d'accomplir une jolie levée de fonds pour la fondation dont on est devenue, ironie, membre d'honneur. Avec un peu d'imagination, danser et se prendre pour Margot Fonteyn dans les bras de Noureev. Chanter sous les larmes par un jour de pluie. Cuisiner un risotto sans le rater. Monter une mayonnaise à la fourchette. Écrire au président de la République pour qu'il y ait un petit sentier à ton nom dans Boulogne. Faire une balade à dos d'âne le long des quais de Seine, devant le musée d'Orsay. Cueillir des framboises dans le cimetière de Montmartre, faire de la confiture de sureau… Vivre, aimer, rêver peut-être ?

Réflexions de veuve

Ce matin, j'ai coiffé mon auréole en sucre candy et accroché mes ailes d'ange en carton irisé, et je suis partie à Caen suivre un séminaire de recherche où l'on scrute la mémoire des comédiens et son fonctionnement. C'est très sérieux, c'est pointu. J'aime l'idée de participer à ce projet scientifique.

Je voudrais, puisque j'ai bien le temps, je voudrais aussi dans le silence de ma solitude, te dire avec tendresse merci, merci de m'avoir accueillie avec mes deux grands enfants, adultes ou presque. Tu avais demandé la mère, tu as eu en bonus la fille et le fils. Merci de leur avoir donné, un temps de légèreté et de liberté. Ils ont été près de nous, jeune couple, comme si la vie avait été programmée pour qu'enfin nous connaissions une trêve joyeuse. Tu leur as offert ta définition très particulière d'une forme de bonheur. La musique et la littérature en partage. La simplicité de ta campagne, des choses de la vie.

Tu continues, de ton perchoir céleste, à nous réunir dans le souvenir de ces moments de fête, à Vézelay, chez ton ami Meneau, ou à Bali. C'est comme un petit collier de pierres précieuses que je porte à mon cou.

Merci d'avoir été présent pour eux si librement, sans convention bourgeoise. Merci de leur avoir apporté ta fantaisie et ta très grande originalité. Merci de les avoir fait tellement rire, alors que nous parcourions ensemble la savane tanzanienne, en évoquant ce monsieur l'administrateur, caricature qui ressemblait tant selon toi à un gnou. Merci de nous avoir fait plaisir chaque fois que l'occasion se présentait. Merci d'avoir mis du talent dans leur vie et dans la mienne. Merci à toi, mon amour, tu nous as rendus heureux. C'était inespéré !

Les amies

Les amies me sauvent la vie, m'aident à comprendre ce qui se passe entre moi et moi. Partir, recommencer ailleurs, reconstruire une cabane, ma cabane de *gipsy girl*. Transporter autre part ces années bénies, vécues dans ce cadre adopté puis aimé.

Ton jardin, tes arbres. L'olivier de Serge, les lauriers de Patrice, l'un d'eux est mort en même temps que toi... « Trop grand ce lieu, dit l'amie qui voit de l'extérieur ce qui m'étouffe. Pars, emmène-le ailleurs, emmène-le avec toi dans une autre maison moins chargée de souvenirs heureux ou sombres les derniers temps. » À tort ou à raison, son jugement ébranle mes résolutions.

Veuve, on est seule pour décider de sa vie, de son avenir, s'il y en a un, seule pour vivre le quotidien, le petit train-train de la solitude, seule aussi pour les grandes décisions. On écoute les amies bienveillantes, on approuve, on les remercie. Et le cœur bat plus vite. Bat moins bien. Veuve. Je vais faire des crêpes et me coucher très tôt. Veuve. *Help help.*

Chanter *Petit Papa Noël*

Ces soirées qui ne ressemblent à rien, la nullité de se réfugier sur les écrans, de guetter les messages qui n'ont aucune raison d'arriver, ni par texto ni par mail, à minuit en plein mois d'août. Souffrir du silence de la solitude encore et encore, essayer de ne pas paniquer, errer d'une pièce à l'autre et ne pas t'y trouver, penser au voyage à venir et s'en réjouir, éviter de penser à ce que nous faisions, penser à ceux qu'on aime si fort et les vouloir heureux, chanter a cappella *Petit Papa Noël* pour oublier, pour s'amuser, pour rire de soi un peu beaucoup dramatiquement, tenter de se construire un bunker où le malheur ne pourra pas entrer, un bunker couvert de roses trémières qui abritera mes secrets et les tiens, un bunker qui me protégera des assauts de la vie, du procès à venir et de l'exclusion fatale peut-être... Il est tard, Agathe, je me parle, je me raccroche au vieil adage « la vie vaut la peine d'être vécue ». Il est tard, Agathe, va te coucher. Bonne nuit, mon amour. Je me prends dans mes bras, je me berce et je pense si fort à toi.

Dormir

Une heure du matin, dormir. Essayer de ne pas voir qu'il fait tout noir, oublier qu'il faut éteindre la lumière, se relever pour rallumer, ne pas supporter l'obscurité, faire l'enfant, réclamer une veilleuse, se relever, ne pas prendre de somnifères, lutter du mieux qu'on peut contre l'angoisse, ignorer le silence, le grand silence, fermer les volets, les fenêtres, écouter son cœur battre un peu trop fort, sentir la vie s'envoler, ne pas savoir la retenir, ne plus pouvoir pleurer. Demain matin il fera jour, ça ira mieux, ça ira bien, c'est mercredi, c'est joyeux le mercredi, je les vois, c'est la vie, c'est de nouveau des envies de pizzas et de frites, c'est régressif, c'est l'avenir, la lumière, c'est la musique, les projets. Peut-être que ce petit livre vivra, peut-être que d'autres veuves reconnaîtront les mêmes méandres douloureux, peut-être qu'elles se diront Ah oui, je ne suis pas toute seule, peut-être qu'elles se souriront. Si toutes les veuves du monde pouvaient se donner la main…

Renoncement

La solitude devient poisseuse ces derniers temps, je ne mets plus jamais la table pour deux, je n'y crois plus, hélas… Lequel de nous deux a quitté l'autre ?

Une dame inconnue monte dans un ascenseur avec toi et tu lui dis : « On monte au paradis… » Étais-tu poétique, déjà un peu ailleurs, ou carrément coquin ? C'était bien toi en tout cas, et la dame en est encore sûrement tout émue. Quant à moi, je suis souvent absente car une part de mon être est bel et bien partie avec toi…

« Mon éternelle jeune fille », disais-tu. Mais la vie de veuve efface tout le charme et la légèreté des jeunes filles et laisse le goût des fruits trop mûrs à la fin de l'été. Je retrouverai ma jeunesse quand ton regard si tendre rencontrera mon âme venue te rejoindre. Timide comme la première fois. Rêvons un peu. Je t'aime.

Veuve malade, malade et veuve

La maladie, le veuvage, même combat solitaire. Être malade seule dans la maison, c'est à la fois surprenant, déroutant, paniquant. Le silence est ressenti plus fortement dans le noir de la chambre. « Toute seule », ce refrain lancinant toque dans la tête, dans le cœur, l'absence est venimeuse. Rien à quoi s'accrocher pour ne pas glisser, pour ne pas tomber en se faisant très mal. Résister à la douleur, à l'immense fatigue, lutter contre le grand silence de l'oubli, contre la force qui vous pousse néanmoins à supporter l'épreuve. Résiste, résiste… Ne pas penser, ne pas rêver, ne pas essayer d'être courageuse. Malade et veuve, c'est un état d'abandon et de réflexion. À quoi bon vivre ? Pourquoi éprouver tant de peine, pourquoi souffrir dans ses os, dans son corps, pour quoi, pour qui ?

Ah si ! je sais, pour eux, elle et lui, merveilleux elle et lui. Pour eux, je serai la plus belle pour aller danser. Promis. Alors à bas la maladie, je vais vaincre encore une fois. Ô rage ô désespoir, je serai la plus forte, elle et lui, tant d'amour en partage, cela ne se gaspille pas. J'ai envie de dire des gros mots pour montrer que seule je suis toujours la même, j'ai encore à aimer, j'ai encore à donner. Elle et lui. Lui et elle. Bordel de merde, il a donc fallu que je sois bien mal pour prendre conscience qu'il me faut vivre. Lui et elle, et eux, venez, on va ressusciter. Tu vas m'aider, tu m'as déjà aidée. Elle et lui, et eux, c'est un chemin de Compostelle, je le ferai sans bâton, sans guide, seule. Je vais y arriver. La maladie, ça sert peut-être aussi à réaliser qu'il fait bon vivre. J'ai envie de chanter cette chanson démodée mais si jolie, un petit chemin qui sent la noisette...

Le divin

Je ne suis pourtant pas bien croyante. Dieu et moi avons vraiment du mal à nous rencontrer, nos rendez-vous sont souvent décommandés par un intermédiaire zélé qui désorganise ma rédemption programmée mais pas encore vraiment actée. Voilà un langage bien étrange et bien administratif pour dire que je n'arrive pas à me sentir aidée par la foi, elle serait pourtant bienvenue dans le chaos de ma vie nullement épargnée par les épreuves. Ce matin, pour remplacer un dialogue avec toi, puisque tu me fais régulièrement défaut ces temps-ci, j'écoutais la radio et un prêtre bienveillant parlait du sourire des enfants de Manille qui vivent, non pas près des décharges, mais carrément dans les ordures. Et ces enfants, disait-il, sourient, se sourient, et donnent leurs sourires aux passants. C'est mystérieux, cette ode à la vie qu'est un sourire d'enfant. En France, si tu souris à ta voisine de bus, tu passes pour une illuminée légèrement débile ou du moins pour une marginale un peu perchée sur une branche fragile. Depuis quelque temps, depuis l'acceptation de ton absence, je souris souvent, beaucoup, avec plaisir.

C'est à toi que je souris sans doute, sans en être bien consciente. Les enfants de Manille ne sont pas loin de moi, et mon sourire est une pauvre façon d'approcher le divin qui se refuse à moi. Je cherche Dieu pour te retrouver. Vézelay est un lieu parfait pour ce rendez-vous mystique, je mets un cierge à Marie Madeleine, ta préférée, et dans le silence blanc de la basilique, je vous attends, Dieu et toi. Qui viendra le plus vite, au plus près ? Peu importe. Je vous attends. J'ai tout mon temps, ou presque.

Émotion

Parler de toi en public, pour la bonne cause, est toujours très émouvant pour moi. C'est te remettre en scène puisqu'il y a un public qui m'écoute. Je suis contente d'avoir caché le plus longtemps possible ce que nous vivions tous les deux, contente d'avoir caché ce secret de Polichinelle et d'avoir fait semblant de croire que les autres ne savaient rien. Contente de t'avoir permis de vivre et de ne pas t'avoir fait jouer *Vol au-dessus d'un nid de coucou* trop tôt, oui, contente de nous, contente de moi. On ne s'en est pas si mal sortis, mon prince, de ce labyrinthe infernal. Dans un an, dans un jour… on a donné le temps au temps. On a fait l'autruche à deux têtes, toi et moi, on a joué à qui perd gagne, on a perdu, elle a gagné.

Depuis, je prends le train tôt le matin, je reviens tard le soir, et entre-temps je parle de la bataille de l'amour contre la maladie ultime, celle qui vous désagrège, vous anéantit, vous fait vivre une explosion de météorites incontrôlables, les météorites les plus précieuses, les météorites du cerveau. Je reviens lourde de nos souvenirs après ces voyages humanitaires, lourde de colère contre… Contre quoi d'ailleurs, oui, contre quoi ?

Tout nous échappe encore et les avancées de la science n'en sont qu'aux balbutiements. Je me fais la promesse de ne jamais imposer l'insoutenable à ceux que j'aime si tendrement. Je me promets d'être assez lucide pour éviter le désastre et je sais au fond de moi que c'est une utopie. Alors je milite, je refuse d'abdiquer pour laisser cette hyène gagner en reine et souveraine, je joue le fou du roi pour réconforter les aimants. C'est devenu ma bataille.

Il est tard, le train n'est pas celui des jours heureux, des tournées, des voyages. J'ai reçu un joli accueil pour ce mini-témoignage et pourtant je me sens lestée d'un chagrin nuageux et pluvieux. Celui des larmes de pluie venues d'un pays où il ne pleut plus. Mon amie danseuse Clairemarie, qui loge chez nous quelques jours, a préparé une surprise pour le dîner. Je crois que c'est de la soupe au pistou. « Ça va », aurais-tu dit. Oui, ça va…

Noël

Cette année, je me suis enfermée dans une boule de Noël, comme si c'était très important cette année, ce Noël. Je suis heureuse dans ma boule, dans ma bulle, je pense à toi sans cesse et tu m'accompagnes dans ces moments de quête, à la recherche de menus plaisirs à offrir, de surprises, de marques d'attention et d'amour. Je me surprends au rayon des jouets à rêver devant des familles d'ours minuscules, habillés, adorables. J'en voudrais une boîte pour moi toute seule, au pied du sapin. Si tu étais là, je t'écrirais, père Noël, et je t'en commanderais une dans une lettre, comme chaque année. Souvenir, souvenir...

Veuve joyeuse ?

Tu sais, les gens veulent une veuve joyeuse. C'est mieux, moins lourd à porter, une veuve réjouissante par son courage, son autonomie, sa distance apaisée par rapport à l'absence du monsieur qui était peut-être toute sa vie. Une veuve joyeuse, gourmande, souriante, à l'œil vif et à la marche rapide. On ne veut pas savoir. On veut une veuve en couleurs, en pleine forme et en mode heureux. Un paysage de printemps et un grand soleil pour que la veuve rayonne. Oublier le chagrin de la veuve, oublier qu'un temps elle disait nous, qu'on disait eux, les « Untel », et que maintenant on ne sait plus très bien quoi dire. La veuve doit être solitaire, paisible. La veuve est courageuse, aimante, attentive, elle n'a pas d'ego, pas trop de personnalité, elle l'a perdue en route, sa personnalité, entre la maison et le cimetière. La veuve est neutre, absente et douce. La veuve est compatissante, elle fait du bénévolat, elle aime les autres, elle aide les autres, elle a le temps, elle a le besoin d'être utile et juste. Elle est une sorte d'infirmière des sentiments, elle comprend tout, elle pardonne tout.

En fait, elle se moque de tout. Ce qu'elle veut, la veuve, c'est qu'on lui rende son amour, son rire, sa joie, sa vie. Son homme.

Prise de conscience

On s'aperçoit qu'on est vraiment seule,

quand on ferme la porte de la maison et qu'on n'a personne à qui dire : « On n'a rien oublié ? »,

quand on rentre seule à la maison et qu'on s'attend à une exclamation de contentement : « Ah ah ah, ma chérie, tu es là ! » Ou à toute autre réaction, humaine en tout cas,

quand on fait les courses, dites de première nécessité, sans trop de stockage intempestif. Seule on consomme peu de tout, voire rien du tout,

quand on se dit : Oh j'irais bien dîner dehors ce soir, pas pique-niquer, non, faire un vrai dîner en tête à tête au restaurant, et qu'on reste finalement à la maison à déguster les fameuses sardines, très bonnes d'ailleurs,

quand on se dit : À quoi bon se maquiller, se coiffer, pour qui, pour quoi ? Bon, ça c'est le 24 avril, jour de ton abstention définitive,

quand on se met au lit à vingt et une heures avec une série sur son iPad et qu'on ne dort toujours pas à deux heures du matin,

quand on a envie de s'acheter un bijou, alors

qu'on s'en moque d'avoir des bijoux, juste pour faire semblant d'avoir un amoureux le 14 février, le jour de la Saint-Valentin,

quand on a envie d'appeler toutes les veuves qu'on connaît pour échanger des recettes de vin chaud,

quand on se sent moche, grosse, inutile, oubliée, vieille et sans projets. C'est rare, quoique, sournoisement, ça puisse arriver,

quand on passe devant la brasserie Lipp, la Closerie des Lilas, les serres d'Auteuil, tous les théâtres de Paris, l'Opéra Garnier, l'église Saint-Sulpice,

quand on va au cinéma, au troisième rang, et que devant il y a un couple de... bref, un couple,

quand on entend du jazz et qu'on change vite de fréquence parce que TSF c'est trop lui,

quand on a froid,

quand on a mal,

quand on en a marre de...

Jamais seule ?

Et puis… on ne se sent plus seule quand on vous parle de lui, quand on lui dit bonsoir, quand on regarde ses photos, quand on parle de lui à son chien, quand on offre du chablis, quand on va en Bourgogne, quand on voit ses amis, quand on sent son parfum…

Il est là bien sûr, toujours là, alors avec un peu d'imagination, beaucoup de persuasion, on peut se dire qu'on n'est pas seule. Ou provisoirement. Il est parti faire un petit tour ailleurs. On n'est pas seule puisqu'on le porte en soi tout silencieusement pour ne rien abîmer du souvenir des souvenirs. Seule ? Moi jamais. On dirait une publicité pour Damart, les sous-vêtements du grand froid. C'est ça, oui, je suis une Damart *girl* et je résiste aux intempéries de l'abandon.

Ah si, je suis vraiment seule quand j'éteins la lumière, ta lumière. Quand je t'éteins.

Retour

Rentrer de voyage, de vacances, de tournage, c'est se confronter à ce qu'on avait oublié là-bas, ailleurs, là où on recommençait à vivre, à se plaire, à se sentir légère. Le retour, c'est un petit coup de poignard au cœur, une petite mort. Mais on apprend à remettre la machine de la raison en marche, on se redresse, on se sourit, on remonte le mécanisme du courage et miraculeusement ça marche. Ou presque. Vaillamment on y croit, enfin moi, j'y crois. L'avion me berce d'illusions, le ciel moins loin durant le voyage nous rapproche et j'arrive même à penser que c'est mieux, c'est comme cela finalement. Tu te reposes. De quoi ? Tu n'étais pas si fatigué. Tu t'évades de quelle prison ? Tu aimais ta vie, ta femme, tes amis, tu aurais aimé notre chien sans doute, tu aurais continué d'aimer ta maison, le bon vin, le jazz, et Gene Tierney.

Je n'ai pas vu le temps passer, je n'ai pas vu les années s'ajouter les unes aux autres comme les couches feuilletées d'un millefeuille, je n'ai pas senti le vent des adieux arriver, j'ai cru au père Noël et j'ai oublié qu'un jour l'un de nous deux pourrait s'éclipser. Ce fut toi, quel dommage… J'aurais aimé jouer *Roméo et Juliette* avec toi et partir en chantant *La Traviata* ou *Lascia ch'io pianga*.

L'avion me ramène vers toi néanmoins, puisque j'habite encore chez toi. Le sapin scintille déjà, la table est mise, les lits faits, le champagne au frais, demain c'est Noël. Viens, ce sera joyeux. La fête ! Je t'attends, tu connais l'adresse. On a repeint le hall à mon grand désespoir, c'est moche, mais derrière la porte maronnasse, ta maison et ta femme t'attendent, viens. *Merry christmas. Happy new year !*

Nostalgie légitime et légère

Dans ta campagne, il y a la maison du prince, la maison Tavoyaut, le saule pleureur, les iris dans le jardin de curé, le rosier planté par ta grand-mère, le petit monticule à l'endroit où tu as enterré ta chienne. Il y a les hortensias que nous avons plantés, les Pierre de Ronsard qui masquent l'entrée du garage, il y a le mur du voisin et le lilas mauve, il y a les pivoines que la jardinière inspirée a semées, il y a la vieille chaise longue en rotin et le fauteuil de ta mère, il y a… Non, il n'y a plus.

Cette maison que j'ai tant aimée, cette maison que tu aimais tant, qui a été notre premier refuge, la cachette de notre premier tête-à-tête, la loge de notre premier rendez-vous, le terrain de jeu pour mieux se connaître et s'apprivoiser.

Cette maison qui nous a connus si heureux si joyeux si amoureux, j'en ai une nostalgie légère. Elle a été si douloureuse, cette séparation entre elle et moi, tant de souvenirs avec les enfants, tes presque petits-enfants, elle a été si douloureuse, la violence de cette rupture.

Qu'importe, un jour le calme est revenu et cette maison est devenue comme un rêve que j'ai vécu éveillée et qui ne me quittera jamais. Le papier peint se fanait déjà, il continue sans doute à pâlir, et les marches de l'escalier de pierre à se creuser un peu plus… J'ai été si heureuse dans ta maison, je la garde en moi comme un *fairy tale* adorable, et je la chéris comme un oiseau blessé, c'est ce qu'elle me semble être sans nous. Je te revois portant les bûches, allumant le feu, et « Mon Dieu, mon Dieu, la vie est là », encore et toujours ce vers de Verlaine qui me poursuit de sa douceur et de sa véracité.

Hélas la vie, ta vie s'est déplacée dans le petit cimetière de village. Ta tombe est toute grise et qu'il est difficile de la fleurir de branchages et de graminées. J'y vais souvent te dire combien tu m'as fait la vie belle, et c'est le cœur un peu plus léger que je repars à Paris.

La maison est toujours là derrière le grand portail et elle abrite nos secrets et nos joies. Je l'aime toujours autant, je l'embellis sans doute dans mon souvenir et c'est tant mieux. Nos ombres se cachent sûrement dans le jardin. Avant de la quitter pour toujours, j'ai glissé dans une petite fente, entre deux pierres du mur, une photo de nous deux, elle nous permet d'exister encore un peu ensemble en secret, présence illusoire et dérisoire mais qui réconforte ma naïveté d'enfant triste et orpheline de toi, mon tout.

Mauvaise humeur

Dans la rue, sous mes yeux, une femme enceinte embrasse son mari, le taxi attend, le mari part en voyage sans doute et elle, si on est lucide, c'est une future veuve ! Oh non, ça c'est trop vilain, mauvais goût, humour douteux. Je hais tout le monde, ce matin. Je te veux pour sortir déjeuner, je te veux pour te faire rire et t'aimer, je te veux pour rentrer chez nous dîner. On écouterait Billie Holiday et tu frapperais dans tes mains, ou Johnny Cash et tu serais ravi. Je te veux pour effacer le deuil, les larmes, les soirées foireuses. Je te veux pour continuer à vivre. Mais non, madame de ce matin, je vous souhaite un beau bébé, un joli gentil mari, vous allez être très heureuse, j'ai rangé ma haine et coiffé mon auréole. Pour me remettre sur le droit chemin, j'ai fait une mayonnaise, pas de chance je l'ai ratée. La prochaine fois je ferai des crêpes.

P-S : Sur le chemin du retour à la gentillesse, j'ai croisé deux petits vieux qui se tenaient fort la main, marchant à petits pas bien sûr, selon le cliché conventionnel. Ce ne sera jamais nous ! Tant pis, tant mieux…

Ton éternelle amante

Fuseau horreur

L'heure fatale, l'heure qui accélère le rythme cardiaque, l'heure qui efface tous les petits bonheurs de la journée, l'heure qui anéantit tous les espoirs qu'on avait restitués dans notre imaginaire et fabriqués de toutes pièces dans notre désir de bien faire, d'être bien courageuse, d'être bien comme il faut dans cette situation pas si facile en fin de compte, n'est-ce pas, madame ? L'heure fatidique, l'heure maléfique, horrifique, c'est l'heure du crépuscule, l'heure des câlins aux tout-petits avant d'aller au lit, l'heure des amis qui boivent un verre au sortir du travail, l'heure des infirmiers qui donnent les cachets pour une bonne nuit, l'heure des rideaux qui se baissent devant les vitrines, l'heure des amoureux qui se retrouvent pour dîner au restaurant, pour aller au cinéma, pour rentrer s'aimer, l'heure des avions qui s'envolent pour des pays lointains, l'heure des comédiens qui se maquillent pour entrer en scène, l'heure des danseurs qui s'échauffent dans leurs collants de laine… Pour moi, c'est l'heure du cœur qui s'affole, du sourire qui s'efface, c'est l'heure du refus de l'obstacle de la nuit, c'est l'heure du Non pas encore une soirée, une nuit, sans toi. Oui, c'est l'HEURE, bonsoir mon amour, je ferai mieux demain.

Tromper le temps, et l'ennui peut-être

Je me sens un peu trop sentimentale à jouer avec ce petit chien qui n'attend que cela, le lancer de balle. Son regard attentif, demandeur, intense, pour m'inviter dans son jeu, cette balle qu'il dépose sur mes genoux ou au creux de mon bras pour que je réponde à son attente, l'importance de cette balle qui va et qui vient entre sa gueule et ma main qui la lance, sont comme le reflet de mes sentiments balançant entre le bonheur des souvenirs heureux et le chagrin de l'absence. Il me provoque, comme pour me dire que je ne suis pas seule, que l'on peut encore jouer, rire, trouver un certain plaisir à partager l'excitation d'une baballe qui rebondit.

Merci à toi pour cette joie de vivre, Roméo. Merci aux amis qui m'entourent. Merci pour votre présence, pour ces moments de grâce que vous m'avez offerts, déjeuners, dîners, spectacles, week-ends, voyages. Merci pour votre attention, votre bienveillance et votre légèreté. Merci pour les moments heureux où le ciel devient rose pâle couleur pétale. Merci pour les endroits aimés où l'on boit un Bellini en pensant à toi. Merci de m'avoir donné votre amitié et votre temps. Merci d'avoir été là, toujours là. Merci.

Serge et Sophie, Nicole et Josée… et tous les bienveillants de ma vie. Merci à tous ceux qui t'aimaient.

Le temps presse ce matin, mon chéri, il fait beau et, en ouvrant les fenêtres sur le jardin, je pense à toi. Roméo m'appelle, je l'entends, c'est l'heure de la balle. Viens jouer avec nous, on sera deux ainsi à être un peu débiles. Pas grave on dira des poèmes en jouant, tu diras celui que tu affectionnes tant, « Avec ses quatre dromadaires Don Pedro d'Alfaroubeira… », ce sera notre secret. Viens, Roméo nous attend.

Bizarre, vous avez dit bizarre

C'est étrange, ces changements de direction, cette sensation de flottement, ce sentiment de ne plus exister, d'être comme un voile de gaze, de mousseline transparente, cette impression de me sentir m'envoler dans un espace ouvert et pourtant clos par ton absence. Je respire et m'en étonne, je vais, je viens et tu me suis partout, tu es là et si loin pourtant. La maison est fleurie en permanence, de rien, de feuilles, de fleurs cueillies dans les allées du bois, ou achetées le samedi matin entre le café et la crêpe traditionnelle du marché matinal et familial, heureux marché du samedi matin ! La chambre est comme une chambre de maison de campagne et je m'y réfugie tôt le soir, le salon est trop vide à partir d'une certaine heure, trop sombre malgré les lampes allumées. Les draps sont fleuris, le chien dort à mes pieds, et avant d'éteindre il y a comme un apaisement du corps, du cœur, qui je le sais ne va pas durer, mais j'en profite, comme les enfants s'enthousiasment devant la mer qui se retire à marée basse, laissant des flaques d'eau pour patauger en riant. En attendant un sommeil capricieux, je flâne une fois encore entre les souvenirs heureux et les rêves de projets à venir. J'essaie d'oublier dans cette chambre que j'aime les ennuis, les emmerdes. J'essaie d'oublier la solitude et son grand silence. Demain, que sera demain ? J'ai inventé un calendrier de l'après éphémère, pour des lendemains qui chantent, et parfois, miraculeusement, c'est un succès, cette trouvaille.

Quand tu étais petit, on t'appelait Jean-Pierre le coucou, parce que tu trouvais toujours un endroit où t'installer pour lire ou dormir. Plus tard, tes copains t'appelaient le Colonel. Je ne sais pas pourquoi. À qui demander ? Ils sont tous partis. S'il y a un là-haut, vous devez bien vous amuser. Ce soir, je suis heureuse, je te sens très proche et je te sens en paix. Une journée ordinaire, un ciel gris souris, mais il y a dans l'atmosphère comme un renouveau, comme un printemps à venir, et c'est comme un espoir très doux qui pourrait nous réunir. Magie de l'amour…

Jours de fête

Certains matins, c'est l'appel de la forêt, l'attirance irrésistible du chaudron bouillonnant de chagrin, et je me sens mi-fée mi-sorcière. Je m'engouffre dans ce tourbillon de feuilles couleur encre et, après une lutte corps à cœur, j'en sors plus forte, plus vivante, gourmande des plaisirs de la vie. Quel drôle de parcours au jour le jour, jamais la même humeur, jamais le même esprit, je me surprends moi-même, je ne me reconnais plus parfois, et pourtant je suis à l'aise avec cette nouvelle personnalité ! Je suis ma propre secte, je m'en amuse, je me fuis ou je me cherche au gré des lieux, des rencontres, des autres… Les autres ! Les autres me sauvent, me remettent sur mon petit vélo et je pédale allègrement vers un nouveau jour de fête. Chaque jour sans tristesse est une épiphanie. J'ai la chance maintenant d'apprécier tous les petits moments heureux, la grâce d'être consciente de la précarité de cette nouvelle vie et de comprendre comment et pourquoi je dois, pour survivre, aimer chaque petite joie, chaque minute de bonheur. Tout est important, primordial, vital, indispensable. J'en ai une conscience aiguë, j'en suis investie comme d'une mission et, si je pouvais aider mes compagnes veuves, j'en serais fière et heureuse. Dis, tu en penses quoi de tout cela ? Tu me vois ?

Ma place

Où est ma place, ma vraie place ? Je balbutie pour la trouver, ma place. Le hall de l'immeuble a été repeint, c'est laid, ce n'est plus toi. Le hall de ta maison de Paris avait le charme des années soixante-dix, il ressemble à un hôpital maintenant. Le voisin dit drôlement qu'il faut passer sa carte de Sécurité sociale devant le digicode. Je vais devoir quitter cet appartement, ton appartement, c'est sûr, cela me bouleverse et pourtant me voilà presque prête, c'est une évidence, je n'ai pas le choix.

Les unes vendent leur maison de campagne, d'autres quittent leur ville. Il y a des chemins qu'il faut prendre sans pouvoir faire demi-tour, sans même se poser la question, c'est là peut-être qu'il faut nous montrer fortes de l'amour qui nous a portées toutes ces années, qu'il faut chercher les ressources incroyables dont les femmes sont capables et devenir une véritable guerrière. Ne pas s'attendrir, ne pas pleurnicher, ne pas regretter, ne pas colérer à cause de cette souffrance qui va s'ajouter au chagrin.

Rester digne, droite, chercher une petite tanière, petit ours brun, pour t'abriter avec tes livres et tes disques, enfin un peu de disques. Mes jouets et tes photos, un tout petit dodo, petit ours brun, pour coucher mon chagrin et retrouver un lieu qui nous protège et devienne notre cachette pour jouer une nouvelle comédie, celle que je continuerai de donner pour que la vie m'amuse différemment. Ah oui, c'est le mauvais âge, j'en conviens, pour faire les cartons du déménagement. C'est pas juste, c'est pas drôle, c'est pas bien, mais c'est comme ça, nous n'en parlerons plus. Cherchons ce nouvel ailleurs. J'ai des envies d'hôtel. Si je vis à l'hôtel, tu auras toujours la clé. Aide-moi, je suis perdue.

Le déménagement

La question du déménagement hante mes pauvres pensées. Indépendamment des problèmes de succession, se pose cette question maléfique : pour donner un peu de chance à l'avenir, faut-il déménager ? Et là, dilemme, quitter ce lieu, est-ce trahir la mémoire de l'homme chéri ? Est-ce renier son amour, faire main basse sur ses disques, ses livres, ses agendas, ses lettres, ses photos, et mettre en cartons vingt-cinq ans de bonheur partagé et quarante ans de sa vie à lui ? Est-ce ranger les souvenirs dans un grenier qui s'appellerait l'oubli ? Partir ? Revivre un peu comme une jeune fille, pas une petite femme, non, je dis bien une jeune fille, pour refaire des rêves et de minuscules moments de renouveau, une jeune fille qui apprendrait à lire et à vivre un nouveau scénario, un scénario se déroulant ailleurs que dans son fauteuil, son canapé, son lit. Sa maison, voilà, il s'agit bien de sa maison, ce n'est pas rien une maison !

Déménager, c'est te quitter pour de bon, toi qui vivais encore un peu dans ce lieu, dans ces meubles, dans cet univers désormais déserté, pourtant l'air y est encore respirable, semble-t-il, puisque tu l'as respiré. La lumière douce, empreinte de cette clarté diffuse, jamais violente, pour tes yeux fragiles, fatigués des projecteurs, les fauteuils qui gardent encore la forme de ton corps. Comment se séparer délibérément de toute cette âme qui habite encore la maison, ta maison, ma maison ? Comment fermer la porte ? Pourquoi jouer ? Il faut qu'une porte soit ouverte ou fermée. Comment choisir de verrouiller le seul endroit qui nous ait vus vivre, rire, nous aimer, nous embrasser, nous disputer peut-être ? Comment rendre les clés sans se déchirer, sans se blesser, sans mourir un peu ? Déménager pour aller où ? Se cogner à quels murs hostiles ? Accrocher les photos sur le néant tragique d'un renouveau qui ne veut pas de moi ? Ma place est là, dans ta maison. Je me souviens avec émotion de cette première fois, quand j'ai sonné à ta porte. Nous avons joué, sans même nous concerter, à l'élève du conservatoire qui venait prendre une leçon chez le maître ! C'était un jeu, c'était léger. J'avais trouvé l'endroit inhabituel, viril, un peu austère, mais à ton image. Tous les matins du monde s'offraient à moi pour longtemps, pour la vie.

Déménager ? Oui, pour te rejoindre un jour. Sûrement. Point final.

Douceur, tendresse, et plus si affinités

Comment cultiver en soi ce qui rend heureux ? Comment trouver la force vitale qui rend la vie joyeuse sinon belle, avec des projets, pleine d'élans de générosité, d'envies, d'idées, d'inventions, de rencontres, de frivolité, d'échanges ? Je m'y essaie. De fausses pièces, moi seule sais que ce sont de faux objets de sauvetage que je fabrique dans mon atelier clandestin. Ils m'aident simplement à me sentir vivante, utile, autonome, un peu valorisée par des actions plutôt efficaces dans l'ensemble, mais qui m'apparaissent toujours comme une fausse route prise dans un moment d'égarement. Curieux sentiment d'être ainsi spectatrice de ce que j'entreprends. Je me regarde vivre et cela me sidère parfois d'y arriver. Je peux même aller jusqu'à me féliciter d'avoir mené une journée à bien du matin au soir sans que s'effondre le patrimoine plus que branlant qu'est mon nouvel horizon…

Je me repasse parfois le film de nos vies pour agrémenter le voyage que j'ai commencé à faire seule malgré moi. C'est une avancée vers l'avenir et non une marche arrière dans le passé, une avancée car les jolis souvenirs m'aident à vivre. C'est doux, les bons souvenirs, je les chéris, je leur dois beaucoup, ils sont une source de bien-être. L'autre jour dans la rue, une dame m'a dit : « Vous êtes triste, bien sûr, mais vous avez eu la chance de vivre avec lui. » C'est vrai, j'ai eu la chance de te connaître, de t'aimer, d'être aimée de toi. Alors vive la vie, ce soir ! Vive la vie ! Merci, mon amour.

À toi

Ce petit chien, c'est quoi ce petit chien ? Est-ce un lien avec toi ? Un trait d'union entre la vie réelle, charnelle, concrète et le néant de ma vie ? Ce petit chien qui m'accompagne partout, qui trottine à mes côtés, ce petit chien qui me regarde, qui me cherche, qui vient me provoquer pour jouer, ce petit chien qui paraît s'intéresser à moi, qui se blottit contre moi, qui me donne sa chaleur, sa confiance, sa douceur, ce petit chien qui semble me sauver la vie, qui attend sa pâtée, ce petit chien qui ponctue de rituels mes matins gros chagrin, qui requiert sans rien demander de l'attention, de l'abnégation, des efforts, ce petit chien qui attend tout de moi, me ramène à ces derniers jours d'avril où tout n'était qu'enveloppement autour de toi, où tout n'était que don de soi pour toi, qu'amour de toi, dans ce que cela a de plus pur, de plus vrai, de plus dénué d'intérêt. Ce petit chien nous relie par une laisse à une étoile filante inscrite à jamais dans un ciel qui n'appartient qu'à nous. Ce petit chien, l'aurais-tu aimé ?

Tu avais une chienne que tu adorais, elle portait le nom d'une héroïne de Flaubert, elle s'évanouissait de joie quand tu la retrouvais après quelques jours d'absence. Moi aussi je m'évanouirai de joie quand je te retrouverai. Promis, mon chéri. Quand tu as dû faire abréger sa vie trop remplie d'années, tu as demandé au vétérinaire de venir dans ta voiture qu'elle aimait beaucoup, il a enlevé sa blouse blanche pour ne pas l'effrayer et tu lui as dit adieu… Ce soir, je voulais te présenter ce petit chien qui dort près de moi tandis que je te retrouve en t'écrivant. Enfin, je crois te retrouver… illusion du pouvoir de l'amour.

Je te présente... ma nouvelle vie

Aujourd'hui, petit chien, je t'ai laissé pour partir loin en vacances et je me sens moche, moche de n'avoir pas regardé tes yeux interrogateurs et tendres, moche de t'avoir dit faussement joyeuse : Je reviens. Moche de t'avoir donné ta pâtée pour me dédouaner de te quitter à l'heure du déjeuner, moche de préférer mon plaisir à ta fidélité. Je me persuade que tu vas être bien, que tu vas beaucoup gambader, que le monsieur qui va me remplacer est l'ami des chiens, tu seras à la campagne, tu seras heureux même, pour remplacer le bout de mon lit tu auras un vieux peignoir et un chiffon qui sentent moi... sans moi. Je me sens moche parce que tu me donnes tellement de compagnie, de vie, d'affection, de tendresse, on peut dire d'amour, que c'est vilain de te laisser à un inconnu même bienveillant, même avec une tonne de croquettes, de friandises, de poulet sous vide et de petits pois carottes bon marché.

Oui, c'est moche de ne pas avoir pu te faire bien comprendre que je t'aime et que je vais revenir, que je ne t'abandonne pas. T'avais qu'à pas partir. C'est vrai, je n'avais qu'à pas partir… donc je suis vraiment moche. Pardon, mon petit Roméo, je ne suis pas une belle Juliette. Pardon.

La gadoue

En colère contre moi qui n'arrive pas à sortir de la gadoue, la gadoue, la gadoue... Je me réveille angoissée, la mort commence à me faire peur, ma mort à moi aussi, non pas l'arrêt de ma vie, mais le grand chambardement tonitruant que la disparition génère, je ne peux pas ranger tous les papiers, trier tous les objets, c'est un peu tôt peut-être, et pourtant j'y pense si fortement. Je suis perdue, flottante, anorexique de la vie, toute maigre à l'intérieur de moi. Que faire, comment faire, comment me lever et jouer comme sur scène les petites actions sans importance du matin ? Le quotidien qui me rattrape. Cours après moi que je t'attrape ! Je vais y arriver ce matin encore sans doute, comme hier, comme demain peut-être.

Souvent au théâtre, spectateur exigeant, tu t'ennuyais. À tort ou à raison. Tu quittais parfois la salle et j'étais mortifiée, ou tu restais et c'était pire ! Je crois que les serveurs du bar de la salle Richelieu ou du Vieux-Colombier se souviennent encore de toi. Je suis comme toi aujourd'hui, j'aimerais bien quitter la salle. Le spectacle m'ennuie ces derniers jours, ces derniers mois, ces dernières années. La confiance de ce petit chien qui dort sur mes genoux, ce soir, m'apaise. J'ai envie de lui faire une pâtée ! Tout est si ténu, si peu construit désormais. Comme tu pourrais le dire, c'est du grand n'importe quoi. Reviens. Reviens un peu.

Toi

Hier on a parlé de toi avec des amis, tes amis. C'était si doux, tu étais presque là. Des anecdotes, tellement toi, tellement vraies. Un dîner de tournage en province, avec le metteur en scène, l'autre acteur principal, le scénariste, auteur du roman dont le film est tiré. Tu es assis en face de la femme de l'auteur, tu finis ton entrée, tu te lèves et avec ta voix, tu sais cette voix si reconnaissable, ta voix quoi, celle qu'on aime, tu dis très fort : « Je me tire, je m'emmerde trop… »

Stupeur et tremblement. Nous voilà dans les rues de la ville, riant, oui, sans doute, que faire d'autre, le mal était fait. Ce n'était pas la première fois, ce ne serait pas la dernière. Sauf que, cette fois-là, tu t'es définitivement tiré. Tu t'emmerdais avec moi ? Tu m'as laissé le plus mauvais des rôles, celui de la veuve.

Le quotidien des veuves

On essaie d'envelopper le quotidien avec du faux papier cadeau et du ruban noir et rose pour se faire croire que la vie est belle. On fait semblant d'être jeune et jolie, on marche sans tomber, on rit, on dort mal et on fait croire que tout va bien. On pense à lui, à eux, à tout ce qu'ils aiment, quand on fait le marché. Et moi, quand je me retrouve au rayon des costumes pour hommes, malgré moi, dans ce magasin où tu déambulais, accompagné de regards surpris, amusés, curieux, admiratifs. Tu me manques tant que je pourrais m'écrouler comme une poupée de chiffon en un petit tas tout gris. Mais je me relève, ni vu ni connu. Bonjour, madame, ça va ? Oui, merci, ça va bien, ça va mieux, ça va mal. Pourquoi partager ce mal, ce petit cancer d'amour perdu qui me ronge ? Alors on se le garde bien au chaud, au secret, bien discret, pour ne gêner personne, et on chante tout doucement pour se bercer, c'est toi et moi contre le monde entier. Je t'aime encore tu sais.

Apeurée

J'ai peur.

De tout, des lieux déserts, de la nuit, des impôts, du syndic, de la mort, de l'ennui, des pas derrière moi à minuit. J'ai peur des salles pleines, des salles vides, des sorties de cinéma difficiles à trouver, des issues fermées, des impasses, des gens, des trous de mémoire. J'ai peur d'être oubliée comme un petit paquet sur un quai de gare, j'ai peur de perdre le goût de la vie, des autres, des miens. Ce dimanche, je t'ai emmené à un concert de jazz, j'étais moins seule ce me semble. Mon cœur battait un peu plus vite ou plus du tout, je ne sais pas. Je me suis prise par la main, je me suis assise à une terrasse, j'ai regardé les passants avec toi. C'était ton passe-temps favori. Ça allait, c'était bien. Reviens s'il te plaît !

Rions un peu

La vie de ta baronne change. Un de mes buts de promenade, c'est le centre des impôts. On s'amuse comme on peut. Je vais y faire la conversation avec madame L., c'est mon interlocutrice préférée. Ce n'est pas un salon littéraire, on discute du coût de la vie ou des bienfaits maléfiques du prélèvement à la source. On peut même élever le débat et aller jusqu'à évoquer les avantages des lois Sarkozy. Le centre des impôts, c'est une sorte de Panthéon du savoir fiscal auquel je ne comprends rien, bien sûr. Je suis dépassée, mais cet échange intellectuel est possible dès dix heures du matin dans un quartier assez reculé de Boulogne. J'en ressors lobotomisée mais plus mature et presque responsable. Après avoir assidûment fréquenté le centre des impôts, les restrictions financières s'imposent d'elles-mêmes et j'ai donc pris un passe Navigo, c'est une nouveauté dont je ne me lasse pas.

Pour tromper les crépuscules cafardeux, j'erre entre dix-huit et dix-neuf heures dans le grand supermarché de la porte d'Auteuil. C'est vivant, impersonnel, les rayons bien organisés apaisent mes angoisses crépusculaires et m'aident à ranger mes pensées qui peuvent vite se lancer à cette heure-là dans une ronde mortifère et désespérée. Merci, l'hypermarché, alternative salutaire aux petits commerçants du quartier qui eux sont la thérapie du matin. Pour les gros spleens de retour de vacances, de week-ends en famille, ou des jours d'anniversaire, il y a le grand magasin de la rive gauche qui, lui, fait indéniablement office d'antidépresseur. Le Bon Marché, pour ne pas le nommer. Ses lumières, ses vendeuses, ses clientes élégantes, ses rayons irréprochables, son luxe, ses valises, ses parfums, ses livres, ses bougies, ce tourbillon de vie me réjouit et m'emmène dans un monde frivole, léger, insouciant qui m'enivre légèrement et m'aide à oublier. Entourée de cet univers beau et inutile, le mal de toi se dilue comme une tache d'encre sur un buvard, et je repars doucement rassérénée, tout est là, en place, comme dans ma vie d'avant, ma vie de non-veuve, à moi désormais de trouver la mienne, de place. Pas trop près de toi, mais pas trop loin non plus. Veuve un peu joyeuse ce soir.

Plaisir des petits moments partagés

Veuve, c'est faire une croix sur les petits moments partagés, ces instants anodins, ténus, si quotidiens qu'on n'y fait plus attention, qu'on les néglige, qu'on les maltraite d'une certaine façon. Veuve, ces moments prennent une importance folle parce qu'ils ne sont plus, parce qu'ils ne seront plus jamais là, rythmant notre lever, notre coucher. Plus de Bonsoir, mon amour, dors bien. Plus de café partagé, plus de voix qui résonne dans la maison. Plus toi. Plus le bruit de ta douche. Plus le bruit de tes pas. C'est un cliché de répertorier tous ces petits actes triviaux de la vie, mais justement c'est là qu'est la vie, et être veuve, c'est en être privée. Il y a la radio, les infos, les reportages. Ces nouveaux compagnons du matin, les journalistes de France Inter, puis de France Musique selon les heures. Il y a le manque de bruit que l'on compense comme on peut en parlant à son chien, si on en a un, on fait un transfert vocal pour entendre le son d'une voix, Roméo, viens mon chien, et on se sent vivante. Il y a l'ennui de la journée à venir sans rendez-vous avec toi, sans projet avec toi, sans amour de toi pour moi, sans toi.

Chérissez bien tous ces petits moments sans importance, ils sont comme un terreau nécessaire, de jolies fleurs peuvent y pousser. Je vais rêver aux petits moments partagés, peut-être que mon imagination et ma sensibilité sauront faire éclore des pivoines, tu les aimais tant. Tu m'aides ?

Ciel gris vu de mon lit

Pourquoi ces réveils calamiteux ? Fin avril. Bientôt cinq ans. Est-ce à cause de cette date fatidique que mon cœur et mon corps vivent si mal ? Il y a des matins heureux où, par la fenêtre, je te revois jouer les pères Noël dans ton costume de pacotille flambant neuf. Tu frappes au carreau, tu me souris, je joue, moi, à la reine d'Angleterre et j'agite la main avec professionnalisme pour te saluer en retour, sans trop te solliciter pour ne pas t'effrayer.

Je respecte le mystère de ton ailleurs et je regarde avec nostalgie le jardin sans neige, sans guirlandes et surtout sans toi. Je vais m'inventer une nouvelle journée, lumineuse et légère, malgré le ciel gris. Un déjeuner amical, une promenade shakespearienne avec Roméo. La solitude se mêle au goût amer et douceâtre de ton éternelle absence, je navigue dans les eaux troubles des souvenirs que charrient les jours de fêtes. Pâques, les œufs dans le jardin de Précy, bientôt le muguet, les pivoines et le lilas et sa tendre odeur sous la fenêtre de notre chambre.

Pourquoi tant de souvenirs m'envahissent, les jours de fête et les dimanches endeuillés ? Les jours et les semaines qui se succèdent ressemblent à des remises de peine et, bizarrement, je me sens maintenant assez adulte pour affronter mon nouvel état de veuve, j'aime presque ce mot de veuve, il me convient finalement. C'est normal, j'ai été jeune fille, jeune femme, femme de… Et me voilà veuve. C'est un état mollasson, sans avenir mais sans désespérance non plus, je ne suis ni malade, ni en rémission, je suis simplement veuve. C'est aussi beau que sœur, fille ou mère. C'est validé sur mes papiers, c'est officiel, c'est mon statut définitif, veuve.

L'imagination habille mon personnage d'un costume noir, d'un voile semi-transparent, lui donne une mine à la fois grave, sereine et angélique, parfois déshumanisée, on peut ajouter un médaillon ou une croix, selon les croyances de la protagoniste, il faudra voir avec la costumière. Veuve de bonne composition, je ne me plains pas, je subis, je m'habitue, je partage la peine avec les autres en perdition. Je regarde les si belles photos de toi et je t'aime. Je t'aime, cela me sauve de tout, cet amour qui ne connaît pas le mot fin. La mariée de Truffaut était en noir, le printemps revient pour la cinquième fois depuis ton départ, le cerisier du jardin refleurira, et ta veuve, pour te plaire, sera en blanc.

Le jazz

« Et si on allait au Bilboquet ce soir après le théâtre ? » Oh mon amour, je ne veux pas te faire de peine, le Bilboquet, ton club préféré, n'existe plus. Ton rapport au jazz est si particulier. Le jazz pour toi, c'est presque une religion, une communion si belle entre toi et l'artiste qui joue, tu écoutes les yeux fermés, les mains jointes croisées sous le menton, silencieux, l'air pénétré comme dans un rite païen, profane et pourtant religieux. C'est très émouvant de voir combien ta sensibilité est exacerbée par cette musique que tu connais si bien, tu deviens à ton insu ce musicien que tu aurais rêvé d'être sans doute.

Je n'ai pas tout de suite compris ton attachement profond à cette musique, j'étais spectatrice, heureuse de sortir le soir dans cet univers nouveau pour moi, le club de jazz. Et puis j'ai vu cette joie, ce plaisir qui te rendait si heureux. Et j'ai aimé ce joueur de saxo virtuel que tu devenais en écoutant les rythmes improvisés, ponctués selon la tradition par tes sifflets dans les reprises inattendues. Tu aimais parler d'Armstrong qui jouait dans les sous-sols du théâtre du Vieux-Colombier. Et plus que tout, tu aimais raconter une anecdote qui te mettait presque les larmes aux yeux, le joint de Kenny, le joint non fini que Kenny Clarke avait un soir laissé sur le chambranle d'une porte, au Bilboquet justement. Cette anecdote te réjouissait à l'infini. Que j'aimais cette originalité qui te faisait vivre comme un poète enfantin et marginal. C'était toute ta fantaisie qui s'extériorisait dans cet enthousiasme d'éternel jeune homme. C'est peut-être pour cela que je n'ai jamais pu imaginer que tu pourrais partir un jour. Que je serais veuve. Veuve de tous ces moments-là. Comme tu me manques.

P-S : Il m'arrive de croiser des amateurs de jazz et même des journalistes critiques de jazz et tous sont admiratifs de l'amateur éclairé éclairant que tu étais. Fière, je suis fière de toi.

Déceptions

Le danger, c'est de vieillir seule, volontairement seule. La sensibilité exacerbée invite aux voyages intérieurs solitaires et à souffrir, légèrement, de l'indifférence des bien accompagnés. Il faut donc aussi lutter contre une misanthropie que l'on risque de développer avec le veuvage, et se préserver d'un égotisme qui fait qu'on ne parle plus que de soi. Enfin je veux dire que les autres ne parlent plus que d'eux-mêmes, sans doute pour se protéger en ne côtoyant pas trop le sujet tabou. La veuve, la mort, le petit chat est mort.

Bon allez, pas jolie jolie cette lettre. Passons vite à autre chose.

Optimisme de fin d'année

Il y a des jours dans ma nouvelle vie qui sont de petits miracles de réussite. Des jours où je mets en orbite le mot « heureuse », des jours de fête dans ce labyrinthe sans issue des sentiments. Aujourd'hui c'est une petite merveille faite de riens. Ça a commencé par un déjeuner intéressant et facile, par facile, je veux dire comme une évidence, un moment parfait d'entente et de relation positive. Puis j'ai aidé une amie dans l'embarras, je lui ai cuisiné un plat de lentilles. Enfin, la grâce d'un concert de Mozart dans ce lieu féerique de l'Opéra de Versailles chargé de tant d'émotions pour moi. J'avais pour voisin de fauteuil un veuf, un voisin de galère ! Nous avions donc un langage commun et nous avons parlé avec la même joie de nos absents. Joie n'est pas le mot exact, bien sûr, mais il n'est pas loin de la vérité puisque nous avons partagé ce même regard sur nos nouvelles vies. Partagé l'indicible, cette latence, cette absence de soi, ce moment suspendu où l'on ne sait plus très bien qui on est, qui est qui, où on habite, ce qu'est le quotidien non décliné à la première personne du pluriel, nous. Toi plus moi égalaient nous si solidement, même pour la nulle en math que je suis !

Oui, aujourd'hui donc, bravo, un parcours sans faute, une journée lisse comme une peau de bébé, calme, joyeuse, esprit de Noël es-tu là ? Tu n'aimais pas Noël quand nous nous sommes rencontrés. La première année, dès le 26 décembre le sapin, toujours garni de ses boules et de ses nœuds-nœuds, finissait son réveillon sur le trottoir. Les voisins s'en souviennent encore. Et puis quelques années plus tard, botté, habillé et ganté de rouge, dans ton costume de feutre de pacotille, tu prenais le rôle à bras-le-corps et tu rejouais *Tous les matins du monde* version rouge et blanc. Tino Rossi avait remplacé Marin Marais. Ces souvenirs-là font aussi partie sans doute d'une journée particulière. Demain de bon matin, 1er janvier d'une année encore sans toi, je fermerai ma porte, j'irai par les chemins, viens avec moi… Je t'aime.

Les mois d'avril sont meurtriers

Mimi, ma sœur, est partie te rejoindre ce 24 avril, trois ans jour pour jour après toi, Coïncidence ? Rendez-vous secret ? Peut-être. Mais je suis quand même contente que vous soyez réunis pour préparer mon arrivée, un jour.

Tu avais un rapport particulier à la mort, pudique, mutique, tu n'en parlais pas. Tu y pensais sûrement, mais ce n'était que dans un tête-à-tête avec toi-même, privé, secret. Tu pouvais faire de l'humour : « Mets ton casque, mon grand, c'est la guerre », avais-tu dit un jour d'obsèques. Mais de la mort et de l'après, tu ne voulais pas en parler, jamais. C'est sur un coup de tête que tu as écrit tes dernières volontés en sortant d'un enterrement trop médiatique à ton goût. Tu ne voulais rien, seulement les amis de ta campagne, ta famille, un ou plusieurs verres de bourgogne dans ton jardin, dans cette maison que nous aimions tant, et puis une plaque avec le refrain de ta chanson de chevet : Ah, les fraises et les framboises ! Les bons vins que nous avons bus, Et les belles villageoises, Nous ne les verrons plus.

J'ai fait graver sur une plaque en verre le texte

manuscrit que tu as laissé, c'est simple. Et je l'ai déposé sur ta tombe. Je retourne te voir et je bois un peu de chablis pour te tenir compagnie et continuer notre complicité joyeuse. *So long…* J'irai mardi dire adieu à ma sœur. Je suis déçue par certaines de mes amies, amies vraiment ? Leur absence de bienveillance et de sensibilité me fait un peu mal. Ça va passer, je vais me terrer un moment et la peine pour Mimi va s'enfouir doucement auprès de la tienne, dans mon petit panthéon personnel. Le jour de notre mariage, Mimi dansait avec toi, heureuse, enjouée, rieuse. Je vous aime tous les deux. Mon amour, les mois d'avril sont meurtriers, j'ai besoin de toi pour oublier l'éternité de votre absence.

Fragile

Parfois je me sens si fragile, si petite, si perdue. J'ai peur de cette nouvelle vie. J'étais forte pour toi, pour te rendre heureux, te faire rire, te protéger, te sauver, t'aider à vivre. Je ne suis pas forte pour moi. J'essaie, je cherche, je m'invente des routines, des raisons d'être une superwoman. Je marche dans tes rues à Boulogne et je t'imagine à mes côtés, ton bras sur mes épaules ou ta main tenant la mienne. Je m'invente une vie qui n'existe plus, je m'invente de nouveaux besoins, de nouvelles raisons de vivre. Il arrive que ça marche, je m'applique tellement. Mais quelquefois j'échoue, je sens mon cœur qui s'affole dans une étrange bousculade et j'ai peur. Oui, mon amour, j'ai peur de tout, j'ai si terriblement besoin de toi. Je recolle les morceaux de verre de ma vie brisée, je fais un travail minutieux, je calme cette panique qui me bouleverse et me terrasse, je pense à toi qui me vois peut-être, je respire, je t'écoute dans un écho qui me rassure un peu et, comme pour une pendule qu'on remonte, je tourne la clé et… Oh, mon rouma, aide-moi s'il te plaît !

Humour

Hier, pour essayer de faire face à toutes les éventualités post-procès, ah succession maudite, j'ai fait venir monsieur Viager. On entend souvent des publicités Viager à la radio. Ce n'est jamais pour soi, croit-on, et puis un jour, envahie par trop de soucis financiers, sans plus d'états d'âme, on appelle un prestataire Viager. Le mot semble sortir tout droit d'un livre du XIXe siècle, on pense atteindre des régions rarement visitées, comme tu dis souvent.

Monsieur Croquemort, non je me trompe, lui c'est monsieur Viager, me propose un rendez-vous formaté entre dix heures et midi, ou quinze et dix-sept heures, pour, me dit-il, respecter les heures de sieste des futurs clients ! J'encaisse le coup.

À l'heure convenue, il arrive, tout de noir vêtu, des dossiers à la main. Ses explications semblent destinées à de grands vieillards légèrement, voire totalement diminués. J'écoute, je comprends tout, c'est quasiment miraculeux, et j'en déduis que ce n'est pas pour moi. C'est super sans doute, mais j'aurais l'impression détestable de déserter et surtout de déshériter mes enfants. Je décline donc la proposition alléchante, mais le mal est fait, je me sens plongée dans l'univers impitoyable d'une réalité que je refuse, et malgré tout je ne me sens plus toute jeune d'un seul coup.

Aussitôt après je file chez l'ostéopathe pour un torticolis dévastateur, sûrement le résultat de fortes contrariétés. Je somatise sans doute. La toute jeune praticienne me manipule gentiment, délicatement, savamment, en me rappelant sans ménagement que je n'ai plus vingt ans et que, par conséquent, il faut être prudente et y aller doucement. Ouin ouin, quand tu étais là jamais on ne me parlait comme cela. Ai-je donc tant grandi ? Je ne me regarde plus beaucoup dans la glace, tu sais, c'était toi mon miroir. Miroir, mon beau miroir…

Le bilan de cette journée désopilante et calamiteuse, ou calamiteuse et désopilante, c'est que le chagrin n'enlève rien à la dérision ni au sens de l'humour. Nous voilà toi et moi rassurés sur ce point. Rions un peu, du moins essayons. « Courage, fuyons », disait Feydeau. Oui mais où ?

Questionnement

Recevoir. Pour tes amis, nos amis, mais surtout les tiens, ceux que tu m'as fait connaître et aimer, c'est difficile de venir chez nous, toi absent. Ont-ils envie de se confronter à ton absence dans ce lieu qui a été le tien si longtemps ? C'est toujours un choc pour moi, plus de cinq ans après. Ta présence encore palpable, les photos aux murs, sur le meuble de l'entrée, les souvenirs des soirées passées ensemble dans cette maison très fidèle à ton image, tes disques, tes livres, ta place au bout de la table… Comment les inviter chez toi et leur imposer ce grand vide ? C'est un dilemme entre mon manque de confiance en eux, en moi, en la vie. À tort ou à raison ?

Sans titre

Vilaines, vilaines pensées du jour, tu n'approuverais pas, mais tant pis, c'est trop lourd ce soir. Voilà, je déteste les couples qui se baladent en loden dans le bois de Boulogne. Je déteste les vieux couples qui ne se parlent plus, ou pire, qui se chicanent pour un rien, qui ne se sourient plus, qui ne se regardent plus. S'ils se tiennent par la main ou par les épaules, c'est pire, je suis jalouse. C'est pas bien, mais oui, je suis jalouse, parce que nous ne marcherons plus en nous tenant la main, le bras, le cou, je ne sentirai plus ton corps comme un arbre solide contre moi, le rugueux contact de tes vestes en tweed, ton pas lent, rassurant, nonchalant…

Peurs

Une veuve, ça peut avoir peur, très peur même. Exemple : être malade, mais pas malade à l'hôpital, non, malade à la maison. Qui fait quoi ?

Une veuve, ça a peur de tomber et de se retrouver seule avec des béquilles. Peur d'avoir mal, d'être paralysée, de faire un AVC, un infarctus, des coliques néphrétiques seule la nuit, il paraît que c'est si douloureux.

À deux, ce n'est pas la fête tout ça, mais seule… Devenir dépendante, appeler à l'aide, avoir besoin des autres, les solliciter. Oh la pauvre… Non non, très peu pour moi. Que fait-on quand on est veuve, donc seule, je sais, comme les célibataires, les divorcées, les… En fait, je ne sais plus quoi dire. Aidons-les, aidez-nous. Aidez-moi.

Saint-Valentin

Je dis que mon petit chien toiletté, tout beau, est mon fiancé aujourd'hui, mais c'est une boutade pour ne pas penser à toi trop violemment. La Saint-Valentin, c'est le jour de notre premier rendez-vous après notre rencontre au théâtre des Variétés. Tu m'attendais avec des violettes, ma fleur préférée, je t'ai emmené prendre le thé chez Mariage Frères, prémonitoires, tous ces signes ! Nous ne nous sommes plus quittés.

Cette année, contrairement à l'année dernière, je n'ai pas le cœur à organiser un dîner de veuves, j'ai trop de soucis sans doute pour me sentir légère et transformer cette journée en une fête parallèle. Si je commence à m'habituer un peu à ton absence, je ne suis pas encore guérie et la fantaisie qui pourrait sans doute me sauver de la nostalgie qui m'habite si souvent me fait encore défaut.

Saint-Valentin, j'espère que ma petite-fille a reçu une rose. J'espère que beaucoup de jeunes femmes sont fêtées. J'espère, c'est niais, tant pis, que ce soir les yeux dans les yeux, beaucoup de couples seront heureux ! Oui c'est niais, mais cela me fait sourire, me réjouit. J'aime la Saint-Valentin et surtout c'est toi que j'aime. Je regarde les arbres de ton jardin, je laisse mon esprit se promener dans la forêt des souvenirs. Mon cœur parfois s'emballe pour rien, un éclair de lucidité fragilise cet équilibre que je reconstruis chaque matin en espérant qu'il tiendra jusqu'au crépuscule. Je suis parfois récompensée et la nuit apaise et répare. Je m'émerveille au matin d'avoir gagné la bataille, prête à repartir au combat. C'est alors que j'ai envie de fleurs et de déjeuners sur l'herbe. C'est peut-être ça le nouveau bonheur.

Enfance

Dans ce nouvel état hors norme pour moi, encore, j'ai besoin de me réfugier dans l'enfance. L'enfance que je chéris, qui me sert de refuge, de couette, d'igloo, l'enfance qui me protège de toutes les agressions, l'enfance qui me rassure d'une façon totalement irraisonnée.

Je suis tapie derrière un arbre et je joue à cache-cache avec moi-même, mes partenaires de jeu ne me voient pas, comme dans *Le Petit Prince*, l'essentiel est invisible à leurs yeux. C'est vrai, personne ne peut voir cet effort que je déploie, un peu, beaucoup, factice, pour me persuader que j'aime mon petit train-train quotidien. Je me balade, j'observe mon nouvel univers avec une acuité particulière qui m'étonne, me déconcerte. Tout a de l'importance dans cette méticuleuse analyse. Je suis à la fois curieuse de tout et très détachée des péripéties extérieures. Les gens qui se parlent, qui s'ignorent, s'ennuient, se séduisent, les vieilles personnes encore attentives à leur conjoint, et celles qui semblent ne plus connaître aucune tendresse et s'être asséchées avec les années, comme un cours d'eau qui se tarit. Et puis il y a la vulnérabilité des tout petits enfants, leur étonnement, leur regard qui peut être si vif, si doux, si tendre. Jamais avant toi parti, je n'avais été si attentive, si émue par cette naïveté de la petite enfance. Je me rapproche de cette innocence-là, et cette pérégrination dans ce monde ouaté et inoffensif, en apparence, me protège, me libère d'un sac à dos trop lourd à porter depuis bientôt cinq ans. Quand je te retrouverai, si on se retrouve, j'aurai peut-être l'air d'un bébé, qui sait ? Je balbutierai ton nom, et ta barbe de père Noël me fera rire en me chatouillant ! Extrapolons.

Légèreté provisoire

Ce Noël, commencé à Copenhague début décembre, est un enchantement. Mon sapin, c'est toi. Je suis heureuse et légère. Heureuse cela ne veut rien dire, mais légère, si. C'est retrouver les couleurs, les sensations, le froid, le chaud, c'est apprécier les odeurs du matin, le café, les tartines grillées, c'est aimer passer à table, s'en réjouir, s'y préparer, au lieu de bâcler ce qui semblait sans intérêt, attablée seule, avec une assiette perchée, penchée sur les genoux. Légère, c'est aimer mettre un disque et laisser les notes choisies m'envahir, c'est être comblée par un appel inattendu et heureuse d'entendre la voix qui va avec. Légèreté, j'écris ton nom.

Cette petite parenthèse de Noël a été comme un tremplin vers un ailleurs, un cocktail de vitamines pour avancer, avancer, en dansant sur les humeurs vagabondes de ces derniers mois. Depuis ce week-end scandinave, je réussis à retrouver un peu de vie, d'envie, un peu de joie, un peu de tout. Un peu de toi sans chagrin, avec la sagesse d'un vieux bonze accroupi dans sa prière silencieuse. Légèreté, j'écris ton nom. Encore.

Prince

Dans cet aveu dépouillé d'artifices, tu sais, je m'applique beaucoup. Comme les enfants pour faire plaisir à papa maman, je fais semblant, je fais tout bien mais parfois je craque. Après une journée passée avec les uns ou les autres, c'est toujours un petit choc de se retrouver tous les deux, mon chien et moi. Je n'ai plus faim, plus sommeil, plus d'envie. Au secours !

Je vais me coucher tôt, rêver peut-être, dormir si ce n'est pas la pleine lune. Demain de bon matin, j'irai par les chemins, je trouverai de quoi me distraire, de quoi m'occuper, de quoi régler mes soucis. Les impôts, le syndic. Mettre ma nouvelle vie en orbite pour que le monde continue de tourner autour de toi, autour de nous.

« Je ne suis plus un perdreau de l'année », « Elle ne suce pas que de la glace » et « On va rhabiller la gamine pour commander une nouvelle bouteille de vin. », disais-tu. Je ne sais pas pourquoi ces expressions populaires me reviennent ce soir. Anniversaire en famille, besoin de te partager avec les miens, besoin de raconter les anecdotes qui nous faisaient rire, besoin de convention et de normalité. Et puis merde, ce soir, ça ne va pas du tout. Pourquoi tu n'es pas là ? Pour la première fois, je t'en veux un peu. Bonne nuit, un peu fâchée.

Votre baronne

Diversion

Depuis deux ans, je joue la dame au petit chien, matinée soirée tous les jours avec succès ! Je promène ce petit ami au bout d'une laisse rouge très chic. Mon jeune partenaire, Roméo, est très joli, très drôle, et il joue son rôle avec sincérité et enthousiasme. Il tente avec talent, de tout son cœur, de te remplacer. Il s'efforce d'être à ta hauteur avec beaucoup d'humilité et de modestie. Je joue la dame au petit chien partout dans mon quartier. J'ai mes spectateurs fidèles, accompagnés souvent d'un toutou eux aussi, on échange, c'est devenu une pièce immersive, la dame au petit chien ! C'est très tendance. Je change de costume tous les jours, et de public aussi, selon l'endroit où je me produis. Il y a des représentations dans Paris, dans les grands magasins. Il y a des rencontres théâtrales dans des villes de province. J'ai même parfois des dates à l'étranger où nous aboyons en français devant des expatriés ravis d'entendre une langue universelle, celle de la fantaisie au secours du chagrin.

Voilà, mon chéri, je n'ai pas signé de contrat, cette pièce reste confidentielle, pour un public averti et au courant que derrière cette mascarade se joue aussi ma vie en pointillé. J'ai sans doute trouvé une façon tout à fait personnelle de déjouer cet attachement à Roméo proche du transfert sentimental, en m'inventant ce joli spectacle où nous ne nous quittons pas, toi, le petit chien et moi. C'est un moment original, assez émouvant, un peu répétitif, mais la dame au petit chien est une très jolie pièce qui peut se jouer avec sentiment, avec ou sans états d'âme, ce qui évite les débordements larmoyants, un public non averti le supporterait difficilement. La rue étant un espace neutre, la pièce se doit de ne pas choquer et de laisser aux spectateurs la liberté d'être indifférents à la poésie du texte souvent interrompu, il faut le dire, par des arrêts intempestifs, indispensables pour l'acteur principal, le petit chien. La dame, elle, court un peu après son texte, la solitude l'ayant rendue sauvage. Habituée à ton vedettariat, elle laisse avec plaisir le plus beau rôle à Roméo. Rideau.

Jeux de dupes

C'est étonnant, cette faculté d'adaptation, cette sensation de passer à travers le feu et d'arriver à faire abstraction des brûlures sans les avoir soignées. Panser les plaies et continuer à vivre sans trop de douleur. Tout est observation et, si la curiosité n'est plus la même, l'attention reste inchangée. Les rencontres apportent du réconfort, elles provoquent un renouveau, un oubli du passé. J'aime ces nouveaux échanges, ils me font me sentir un peu plus vivante, un peu plus curieuse.

Tu n'as jamais voulu savoir mon âge et nous avons bien gardé le secret autour de ma naissance. Même le jour de notre mariage à Florence, j'ai réussi à convaincre le maire qui nous unissait de ne pas dévoiler cette date que tu ne voulais pas connaître. Pourquoi cette omerta ? Je ne sais pas, peut-être que la différence d'âge te projetait dans un avenir incertain. C'était parfois compliqué, nous voyagions beaucoup et il fallait présenter nos papiers d'identité, cela pouvait prêter à confusion. Par coquetterie et pour ne pas troubler ton objectif de ne pas connaître mon année de naissance, j'avais fait une grosse tache sur mon permis de conduire et gribouillé une année fictive, jusqu'au jour où je me suis vue confrontée à la réalité par un policier zélé, j'avais, d'après ma nouvelle identité, eu mon permis à seize ans !

Rions ! Nous étions deux enfants avec nos jeux de dupes. Peut-être que cette faculté de déguiser la vérité nous a aidés à traverser l'épreuve fatale de la maladie. Ce déni, ce jeu de cache-cache, ce détournement de la réalité en une illusion de vie parallèle nous a unis si fort qu'ensemble, très longtemps, nous avons fait semblant d'ignorer ce qui bouleverserait le restant de nos vies. Non non, je ne regrette rien, nous avons fait ce que nous avons pu, nous avons essayé de sauver du naufrage le plus important, la richesse incroyable de ce qui était encore si fort entre nous : l'Amour.

Mauvais jour

Ce matin, mon chéri, dès le réveil, j'ai su que la journée serait lourde et ton absence pesante. Impossible de sortir du lit. Il faisait beau pourtant et j'avais bien dormi, mais une cape de tristesse et d'ennui sur la chaise semblait ne pas me laisser d'autre choix que de l'endosser. Tristesse, avec cette envie de grignoter n'importe quoi toute la journée. Mais j'ai fini par sortir de ma léthargie pour aller au bois promener Roméo et, comme d'habitude, le bois a conforté cet état de désolation. Seules des crêpes pourront peut-être réparer les dommages de cette mauvaise journée.

Trop de solitude, trop de silence, trop d'imagination, trop de rêves perdus, évanouis dans un brouillard cafardeux, vraiment, je n'aime pas trop le bois, par ailleurs si proche de chez moi et si pratique pour la promenade canine. Le bois m'angoisse depuis quelque temps. Il me rappelle nos échappées belles, ces matinées d'automne où, fière sur mon vélo tout neuf, je me sentais si jeune fille ! Toi, comme le pro que tu étais, tu montrais le chemin, tu le connaissais comme ta poche, ce bois de Boulogne. J'aimais te voir sportif et élégant. Mais voilà, je n'aime plus le bois. Les vieux s'y promènent en loden vert mousse, les jeunes en jogging gris, les poussettes avancent au ralenti, poussées mollement par des parents épuisés, semblant traîner un ennui mortel, le dimanche après-midi, comme si les contraintes étaient plus fortes que la joie supposée d'avoir des enfants. Je n'aime pas le bois en semaine non plus, j'ai peur des promeneurs solitaires et les femmes seules me désespèrent, j'ai le même mal de vivre et je ne veux rien partager, qu'on me laisse seule avec ma peine, j'irai mieux demain !

C'était un mauvais jour, un jour raté, un jour sans fin. Demain de bon matin, je fermerai ma porte au nez des années mortes, j'irai sur ton chemin. Tu ne voudrais pas revenir un tout petit peu ? Rien qu'un tout petit peu.

Un mari, c'est un mari (Marivaux)

Il est des jours où je ne suis qu'un tout petit chiffon, pas même un foulard ou un torchon, non, un tout petit morceau de chiffon froissé, abandonné dans une poche, un petit chiffon gris moche, avec un minuscule coin rose comme une oreille de cochonnet. La théorie du chiffon peut choquer, voire attrister, mais hélas elle a son intérêt. Quand on n'est plus regardée, ni aimée, on en est réduite à n'être plus qu'un petit morceau de tissu anodin, discret, pudique, un petit chiffon essuie-larmes, essuie-tout, doux, caressant, un petit chiffon à la coque tout frais de ce jour. Demain il aura peut-être disparu, transformé en voile sur un bateau en perdition. Tous les jours alors, inventer sa vie, déclamer *La Marseillaise* au pied de la butte Montmartre, chercher des cèpes place de la Concorde...

J'aurais dû mieux profiter de toi, de l'homme que tu es, le comédien fou de jazz, le lecteur passionné, l'extravagant, le nostalgique, le joyeux. Un mari, c'est un mari. Tu étais mon marielleson et moi ta natanrielle, c'était bête, c'était bon.

Tournage

Ce tournage, dont je voudrais tant que tu voies le résultat, a été une parenthèse enchantée. Tant de douceur, de bienveillance, d'amitié vraie entre ces jeunes diplômés de la même école, en Angleterre, tous étrangers, expatriés, c'était émouvant, beau, formidablement motivant pour nous, comédiens, qui étions le dénominateur commun de ces jeunes professionnels. Tant d'attentions, de prévenance, de respect et de gentillesse, c'était magnifique. Les mots manquent pour exprimer le sentiment très particulier que ce tournage a fait vibrer en moi. Bizarrement, tu étais là aussi sur le plateau, observateur, aidant, protecteur et amical comme tu sais l'être. J'ai joué pour toi. « Joue bien, tu me l'as promis », disais-tu. J'ai essayé. Bientôt nous verrons si j'ai réussi. Action. Coupez. J'aime ce métier. Jouer. Jouer encore, jouer toujours.

À toi tout seul

Au retour des adieux à ma sœur, je me dis qu'il me faut arrêter d'attendre, arrêter d'attendre qu'on me comprenne, qu'on ait de l'empathie, arrêter d'attendre d'être sur la même route que les hôtes de ma vie, qu'on marche du même pas et du même côté de la route, arrêter d'attendre qu'on partage mon manque de toi, arrêter d'attendre tout simplement.

Ce que je vis ne se partage pas, c'est impossible, c'est comme le bonheur, cela ne se partage pas, le bonheur, l'absence non plus, c'est terminé, je n'attends plus rien. Je vais poursuivre mon chemin sans bâton, sans boussole et sans me faire trop de mal à attendre. C'est bien compris. Toi, tu es là avec moi, tu m'entends un tout petit peu peut-être, pour le reste je vais avancer comme si de rien n'était. C'est amusant cette expression « comme si de rien n'était », je voudrais bien qu'on l'inscrive sur mon urne : Agathe, comme si de rien n'était… Si j'oublie et que tu me surprennes à attendre autre chose que le métro, je t'en prie, rappelle-moi de jouer à « comme si de rien n'était ». Je t'aime ce soir très joyeusement… comme si de rien n'était.

Réflexions du soir, tard

Je suis très entourée depuis ton départ, tu sais, c'est comme une ronde autour de moi qui me maintient dans son cercle, comme les cordes d'un ring qui m'empêchent de tomber dans le vide, tel un boxeur K-O. La jolie haie qui délimite les contours de cette générosité amicale m'a certainement, sans user de grands mots, sauvé la vie. Cette magie impalpable de l'amitié, cette pensée et ce sentiment constants de n'être jamais abandonnée ont été précieux, et c'est un peu tardivement que j'en fais le bilan sans doute. Alors que je sors lentement du tunnel noir de la désespérance, je m'aperçois à quel point cette présence fidèle a été primordiale tout au long de cette marche initiatique. C'était comme une très longue convalescence, et le déambulateur de l'amitié a été un petit miracle, la cordée de mes vrais compagnons de route m'a hissée sur un sommet qui me semblait impossible à atteindre, celui d'une paix joyeusement surprenante. Merci à vous. Il me semble que la route a été bien longue, et il y a encore des obstacles qui ralentissent les élans intempestifs d'espoir de rédemption. J'ai des envies de départs en voyage soudaines, irrépressibles, des envies de fuir un quotidien dévastateur qui me pousse à me terrer pour mieux apprivoiser le silence de la solitude. Je marche, je marche, et je détricote l'écharpe trop longue du deuil, pour ne laisser qu'un tout petit tour de cou câlin, pour me protéger d'un fardeau, d'un accessoire dangereux pour ma santé mentale, l'idée noire. Il est tard, je t'écris pour te retrouver, où es-tu ? Loup y es-tu ? Je me réfugie dans le jeu, mais le partenaire principal est ce soir aux abonnés absents. *So long, Marianne.* Chantons sous les larmes.

Dernier acte

Pour ta dernière tournée chez nous, tu avais écrit comment tu voulais faire tes adieux, tu avais mis en scène le dernier acte. « Juste chez moi à la campagne, avec ma famille, mes amis les plus tendres et les habitants de mon village. » Ainsi fut fait, toi présent dans ta maison, les pivoines que tu aimais tant embaumaient, tes amis étaient là.

Cette maison a été ton dernier refuge, rassurante, bienveillante, accueillante, et la musique le lien pour t'accompagner vers cette nouvelle aventure. Personne n'a parlé. Que dire ? Nous savions tous qui tu étais. Seule Madeleine a dit un poème de son choix, Victor Hugo, « Demain dès l'aube ». C'était bouleversant et ensemble, petite procession d'amitié, nous t'avons couché doucement et fêté. Le violoncelle de Pierre-François a adouci la violence de la terre béante et profonde et j'ai pris conscience que j'étais veuve. On a bu le coulanges-la-vineuse. On a parlé de toi dans ce jardin que tu aimais tant, sous le saule qui, lui, n'arrive toujours pas à mourir, malgré les prédictions des élagueurs. On a chanté pour toi, Ah, les fraises et les framboises, Les bons vins que nous avons bus,

Et les belles villageoises, Nous ne les verrons plus… J'ai beaucoup pleuré. J'étais, je suis, je serai pour toujours ta veuve. C'est ma Légion d'honneur à moi !

Petits souvenirs

Contrairement à ce qu'on pourrait naïvement imaginer, le temps ne fait rien à l'affaire, comme disait Molière. La solitude est de plus en plus profonde, ou peut-être les moments de solitude sont-ils de moins en moins bien vécus. Dur de ne pas plonger dans le grand puits d'une dépression douceâtre et presque désirée, pour nommer ce plus ou moins léger mal de cœur du petit matin. Mais j'avance, j'attends la guérison de cette maladie d'amour perdu, je patiente et j'avance. Les souvenirs me servent de nounours réconfortants.

Toi, attendant avant d'entrer en scène, appuyé au chambranle du décor, fumant une dernière cigarette. Toi pendant les essayages costumes qui t'importaient tant, le choix de la tenue du personnage était mûrement pensé, réfléchi, jusqu'au moindre détail, tout avait un sens dans cette enveloppe qui dessinait le personnage.

Quand tu tournais, rien n'était laissé au hasard. Dans *Les Grands Ducs*, film réjouissant et personnage exubérant, tu avais, au moment de tourner habillé en femme pour une scène désopilante, demandé une paire de boucles d'oreilles pour parfaire le costume et rendre plus crédible la tenue. Tu pouvais être excessif à raison, et les réalisateurs avec lesquels tu as tourné racontent encore ces anecdotes avec tendresse.

Vivre avec toi, c'était parcourir ce monde imaginaire du comédien. Il y avait quelque chose de mystérieux et de grave à la fois qui t'échappait un peu sans doute, malgré la réflexion profonde que tu attachais à chaque rôle. Il y avait dans ton travail une part d'improvisation, d'intuition, et un sens inné du jeu. Un don ! Le don. Tu n'en avais aucunement conscience et c'était ta force pour ne pas sombrer dans le cabotinage. Tu disais : « Le rôle me parle à l'oreille ! » J'aimerais bien ce matin être ton rôle préféré et que tu viennes me parler à l'oreille !

Contente de nous

Impossible de m'endormir ce soir. Je cherche la raison de cette absence de sommeil. Il y a longtemps que je n'ai pas connu ce trou noir de l'insomnie. Ce n'est pas la pleine lune, je n'ai pas bu de café tardif, je n'ai pas bu de vin blanc. Je me retourne dans notre lit, je m'agite, j'ai faim, j'ai froid, je suis toute blessée au-dedans de moi, j'ai envie de te parler, de t'écouter, j'ai envie de te voir, de me blottir dans tes bras.

Je ne peux pas dormir, je repense à trop de moments de notre vie, les bons, les très bons, les merveilleux, les moins bons aussi, les catastrophiques, les calamiteux. Je repense à cette journée en Avignon où j'avais eu un mot maladroit sur ton passé et où tu avais arpenté les rues de la ville en me laissant seule devant le palais des Papes toute une journée, anéantie et perdue. J'apprenais à te connaître, à entrer dans ton univers extraordinaire. Il ne fallait pas parler du passé, tu n'avais pas eu de passé, ta vie amoureuse commençait le jour de notre rencontre. C'était joli, cette naïveté, c'était romantique, touchant, même si je n'ai jamais bien compris le motif de cette chape de plomb définitive sur tes années de jeunesse.

J'ai compris ce jour-là qu'il y avait un mode d'emploi très particulier pour vivre avec toi. Ce fut passionnant de découvrir les méandres de ta personnalité. Ce fut une expérience de tous les instants, apprendre à te connaître. J'étais à l'affût de tes attentes, de tes angoisses, de tes peurs aussi, et je crois que c'est pour cela que nous nous sommes tant aimés.

Nous avons appris l'un de l'autre le respect, la compréhension, et nous avons proscrit la prise de pouvoir de l'un sur l'autre, nous étions sans cesse à la recherche de la plus grande harmonie.

Dans ma vie antérieure, j'avais appris l'abnégation et la patience avec mes enfants, et cette leçon de sagesse a été le ciment de notre apprivoisement réciproque. Comme on s'approche d'un animal blessé, j'ai senti tes failles et tes blessures secrètes. J'ai essayé de ne pas te bousculer dans ton appréhension de la vie commune. Te sentir heureux, m'entendre dire par tes amis qu'ils ne t'avaient jamais vu si joyeux, quel bonheur ! C'était facile, c'était doux, c'était la fête ! En te rendant heureux, j'ai gagné en vingt-cinq ans de vie commune un Molière, un César et même un Oscar. Merci à toi de m'avoir nominée, et nommée.

Ton métier

Hier, au Vieux-Colombier, je me racontais, comme tu me les avais toi-même racontés, tes souvenirs de jeunesse. Tu aimais ce théâtre, tu aimais l'odeur et les vibrations de ce lieu habité par tant de maîtres. Au temps de tes vingt ans, sous le théâtre il y avait un club de jazz, c'était la fête, le théâtre et la musique avec les plus grands, Sidney Bechet en tête de distribution. Nous allions très souvent voir ce qui s'y jouait, avec, selon les spectacles, plus ou moins de bonheur. Tu es un spectateur exigeant et tes choix demandent beaucoup d'attention, je crois que tu aimes selon les battements de ton cœur. Tu aimes les grands, que ce soit les acteurs, Michel Bouquet et Robert Hirsch étant devenus de loin tes favoris ces dernières années, ou les auteurs, Tchekhov le préféré, celui que tu disais être ton auteur de chevet. Tu disais avec tristesse avoir raté *Oncle Vania*. Tu t'en voulais.

Après la pièce, nous allions dîner. Tout cela me semble très parisien et d'un autre temps. C'était gai, c'était léger, c'était ta vie. Dans ton petit bureau, il y a tes textes, raturés, annotés, on croirait presque t'entendre répéter. Tu t'enfermais des heures pour apprendre, chercher, trouver le rôle. C'était étrange et fascinant, le travail qui se faisait dans ce petit bureau. J'aimais ce rapport mystérieux que tu entretenais avec le métier, tu en parlais très peu, et pourtant il t'habitait totalement malgré tes dires. Tu pouvais t'enthousiasmer pour certains rôles et être distant avec d'autres. Tu étais toujours concerné et investi dès que tu avais accepté. Dans un premier temps, souvent tu refusais le rôle qu'on te proposait, par pudeur sans doute, par modestie peut-être, et tu disais : « Demandez à C. ou à D., ils le feront mieux que moi. Je peux vous donner leur numéro de téléphone. » Puis tu te laissais convaincre, tu entrais dans l'arène et tu défendais le film comme un gladiateur.

Pour ce très joli film où trois compères un peu vieillissants vivent une fiction proche de la vie, le temps d'une tournée plus ou moins minable, Serge, à qui tu refusais un très beau rôle, m'a raconté que lors du rendez-vous fatidique, braqué, tu disais : « Non, faites le film sans moi, je ne peux pas jouer ce personnage. » Tu ne regardais que les chaussures du scénariste qui essayait de te convaincre. Puis, bluffé par son opiniâtreté, tu as fini par accepter et, avec la jubilation d'un enfant, tu as joué le rôle… drôlement bien !

Tu es l'ombre et la lumière de mes journées et, si je continue d'aller au théâtre, c'est aussi pour t'y retrouver. En bout de rang comme tu aimais. Rideau. Noir. Salut. Dernière.

Meilleure

Devenir meilleure en tout, en gâteaux, en patience, en réflexion, en rangement, en orthographe. Ce peut être un but, un projet, une motivation pour se lever le matin, pour vivre heureuse. Vivons meilleurs. Ce matin, en passant près de ta dernière maison provisoire, j'ai pensé : Pourquoi ne pas retourner en enfer pour aider un autre toi, une autre moi ? Aider pour aller au bout de ce parcours mal terminé, pour oublier, pour effacer. Pour savoir que cela existe et l'exorciser. Aider pour comprendre les méandres dévastateurs de la maladie, pour t'effacer et concentrer sur d'autres ces sentiments compliqués qui me hantent encore, jour et nuit. Effacer avec obstination les pleurs, les chagrins, l'horreur des couloirs obsédants qui véhiculaient tant de doutes et de questionnements. Je cherche à gagner mon auréole, à la mériter sans contestation ? Non, je cherche une forme de repos dans ma naïveté. Je me veux madame Parfaite, peut-être pour monter dans un ciel auquel je ne crois plus. Je veux ma couronne en carton et mon sceptre en pâte d'amande pour me sentir délivrée du poids de la culpabilité. T'ai-je assez aimé ? Oui sans doute, mais ai-je su te le dire assez bien ? As-tu senti jusqu'au dernier soupir combien tu étais mon prince Élie Ram ? Je voudrais tant refaire le parcours. Je voudrais tant te dire le bien que tu m'as fait. Meilleure pour le meilleur et pour le pire.

Thaddée

J'aurais dû...

Deuil. Voilà, tu es parti. Enfin, n'édulcorons pas l'acte de décès. Tu es maintenant allongé dans ton blouson de cuir sous une vilaine dalle grise sans âme. Tu es dans le cimetière de ton village comme tu le souhaitais, le village de ta grand-mère chérie, le village de tes vacances d'enfant paysan, le village de nos relâches. La litanie des « j'aurais dû » peut commencer.

Oui, j'aurais dû mieux t'aimer encore, j'aurais dû mieux te dire ce grand vertige de la rencontre, toi qui doutais de l'amour. J'aurais dû t'accompagner plus intelligemment dans les affres de tes angoisses. J'aurais dû marcher plus souvent avec toi dans les sous-bois du Morvan et profiter de cette solitude intime qui nous rapprochait avec tendresse. J'aurais dû te dire combien tu me rendais heureuse et combien tu me donnais la chance d'être moi-même dans cette jolie vie. J'aurais dû, au bord du grand silence qui allait nous séparer, te dire que nous allions être maladroitement éloignés mais superbement réunis dans un mystère qui n'appartiendrait qu'à nous. J'aurais dû mieux ressentir le merveilleux comédien que tu es.

Oui, que tu es, car ce talent obscur et lumineux qui t'habitait est là à tout jamais, et si je ne suis pas encore prête à t'écouter, te regarder jouer, je sais que ta voix est là. Qui m'attend. Que toi, tu m'attends, inexorablement, et cela me rend si douce, si tendre, si patiente. C'est donc cela, l'amour ? C'est mieux que *Belle du Seigneur*...

P-S : J'aurais dû chanter plus souvent dans la voiture et te demander matin et soir de me chanter tes deux chansons de chevet : Et les... de papa sont suspendues au plafond, et Ma dernière histoire, c'est vous. J'arrive. Laisse-moi juste encore un peu de temps. Pour bien me préparer. J'ai encore un peu à faire, ici, comme disent les ménagères.

Absence

Que tu me manques, que tu me manques. Je ne supporte pas ces jours d'été et de soleil, ce vide. Ce silence. Cette absence. Je te parle, je te cherche, je t'attends, je te souris, je te chéris, je suis l'ombre qui n'a plus de soleil pour exister. C'est aujourd'hui la Fête de la musique. Quelle musique ? Je hais la terre entière de ne pas pouvoir te tenir la main. J'en veux à la vie, à la mort, j'en veux aux vivants, ces pauvres vivants. Je suis triste à mourir ce soir, quelle drôle d'expression. Je suis triste, simplement, cela dit tout.

Je te cherche, tu es furieusement aux abonnés absents. Volatilisé, totalement évanescent. Tu me laisses tomber le soir de la fête de la musique. C'est un comble. Pas de place des Vosges, pas de musique klezmer, pas de merguez pour égayer le parcours musical à Saint-Germain-des-Prés. Pas de Vivaldi ni de leçon de Ténèbres, pas de Marin Marais. Seulement un grand silence et un sinistre tête-à-tête avec la solitude des jours maudits. Cédons au démon, prenons le quart de… Et tant pis, pas de Bonsoir, mon amour, pas de Chantons sous les larmes, oublions d'aimer et dormons. Je ne parle même plus à mon chien qui rêve déjà à l'os de demain. Alléluia.

Questionnement 2

Doit-on aussi parler des mauvais moments et entacher de brume le conte de fées ? Doit-on déshumaniser le prince charmant en stigmatisant les nuits d'angoisse, les réveils calamiteux et les peurs ? La maladie, la Maladie toute-puissante seule pouvait détruire cette belle équipe que nous formions. Détruire, non, c'est trop fort, mais bouleverser, oui certainement. Doit-on dire les chagrins, les peines devant l'irrémédiable, l'impuissance, et le désespoir de vivre les jours heureux qui se transformaient en cauchemar ? Doit-on réduire nos pensées à ce naufrage qui nous faisait sombrer tous les deux, chacun sur notre petite embarcation, séparés par l'incompréhensible, l'insupportable, séparés par le malheur qui allait altérer ce que nous avions réussi à construire ? Cette petite roulotte où nous avions toi et moi écrit un joli film ensemble, un scénario parfait ou presque qui semblait ne jamais devoir finir ? Je n'avais pas vu la vieillesse venir, tu étais si séduisant, si drôle, si charmant, j'ai pris de plein fouet cette descente aux enfers. La mort, ta mort, je n'y pensais jamais. À la fin si, les derniers mois pour que ton calvaire et ta nuit opaque et glauque s'arrêtent enfin. Mais c'était comme une chimère, pas une réalité. Jamais je n'ai pu t'imaginer partir un jour sans moi, sans ta voix qui m'appelait sans cesse, Agathe… elle est où Agathe ? Tel un signe de ralliement, un fil qui n'aurait jamais pu, jamais dû se rompre. Je n'avais jamais envisagé ce statut effrayant que maintenant je dois inscrire sur les papiers officiels : veuve. S'il vous plaît, ne me forcez pas à l'écrire, veuve, c'est comme ensevelir encore une fois notre amour. Noir.

Franchise

Il y a eu, c'est vrai, des arrivées calamiteuses à Cannes, au festival, où, à peine sorti de la voiture, tu t'enfermais dans la chambre d'hôtel pour ne pas affronter la foule massée devant, excitée par la venue des stars. Tu ne voulais plus en bouger, comme tétanisé devant la reconnaissance du public. Même le smoking qui t'attendait, pendu dans l'armoire, pareil à un fantôme, te faisait peur. Il fallait laisser souffler la tempête qui semblait secouer tout l'hôtel et, une fois la tornade passée, l'amusement pouvait l'emporter. Ton naturel généreux donnait au public ce qu'il attendait, de bons mots, une boutade, ta voix, ton rire. La Croisette devenait ton terrain de jeu, le temps du festival. Le tour était joué, on l'avait échappé belle.

Petit désespoir

Bon refus de tout ce matin. Refus de cette solitude qui s'étend tout autour de moi comme un gros trou dans mon pull-over préféré dont toutes les mailles se déferaient devant moi, impuissante à stopper l'extension du désastre. Je ne sais plus colmater les brèches qui détruisent les digues que j'avais construites tous ces jours, ces mois, ces années, pour maîtriser le flot incessant du chagrin. Je suis acculée à ce que j'avais réussi à bâtir, la Petite Maison dans le chagrin qui devait me protéger de tout, surtout du désespoir. Depuis deux jours, les échafaudages ont disparu, me laissant à nu, désemparée, à vif, terrassée. Je me croyais si forte hier encore, et pourtant j'appelle au secours. Voilà, je n'arrive plus à faire comme si tu étais là, je ne peux plus tricher avec moi-même. Je marche comme un automate en me demandant ce que je fais ici ou là. Je suis anesthésiée et la douleur devenue cotonneuse me protège des agressions du dehors mais pas des battements incontrôlables de mon cœur malade de toi.

Mauvaise passe sans doute, avec l'été qui affiche un bonheur insolent aux terrasses des cafés et sur les pelouses de l'esplanade des Invalides envahies de touristes. Je redoute le soir et je hais le matin. Où trouver ma place ces jours-ci ? Mes enfants, mes amours, incomparables amours, je ne veux pas envahir vos vies, et pourtant vous êtes mon radeau de la *Méduse* qui me transporte d'une rive à l'autre, dans un silence de mort. Mort, tu es mort, et j'explose de ne pouvoir m'y résoudre. Je te cherche en vain et certains jours, comme aujourd'hui, je ne te trouve définitivement pas. C'est là le grand malheur, te perdre malgré mes efforts et ma persévérance. Te perdre une nouvelle fois. Dormir pour oublier ou oublier pour dormir enfin. C'est un carrousel qui tourne sans fin et cette petite musique de nuit ne me laisse aucun repos. Les sanglots longs des violons...

On ne lâche rien

Questions du soir, espoir. Qui se demande ce que sont mes soirées ? Qui s'inquiète de cette longue attente avant la nuit ? Qui imagine ce que sont les soirées d'une veuve ? Quelle tenue le soir pour regarder la télé, quel pyjama ? Ou quelle jolie robe pour ne pas te déplaire si je te croise au détour du couloir du petit bureau ? Maquillée ? Démaquillée ? Charentaises, il fait si froid dehors, si froid dedans, une soupe, un fontainebleau qui me rappelle Belmondo, et dodo ? J'ai mal un peu partout, je ne le dirai pas, on ne saura pas combien il faut être un bon petit soldat du prosaïque, du quotidien, pour survivre sous les amas des petits cailloux qui formaient ta maison et t'ensevelissent si on n'y prend pas garde. Oui, très vite, toute cette émotion, tout ce vide peuvent entraîner un écroulement total. Ne rien lâcher, disent les coachs de boxe. Allez, on ne lâche rien ! Je n'ai rien lâché, j'espère que tu es fier de moi, j'espère que tu me voies et que, même si petit à petit je me suis évanouie dans ton panthéon de divinités, tu m'aperçois nager à contre-courant et que tu m'applaudis. Tu peux même siffler comme aux reprises de jazz, cela me ferait plaisir. *The show must go on*… Tu es parti rejoindre Greta Garbo, je crois.

Merci à vous, mes enfants

Longtemps après. Il y a vous, mes enfants, si présents, si discrets, si maternants, si encourageants dans ce quotidien déroutant.

Durant la pandémie, vous avez mis autour de moi un filet de protection, en plus des piquets de piste noire plantés pour m'éviter de tomber dans le ravin profond de la dépression. Merci. Comment ne pas résister à la morosité alors que votre amour, votre tendresse, votre attention sont présents depuis cinq ans, sans jamais faire faux bond à ma solitude ? Vous avez été les *horse guards* d'une royauté fictive, celle de notre amour indéfectible, à lui et moi. Cette royauté qui, au long cours de notre vie commune, a été notre refuge, notre château fort, notre forteresse du Moyen Âge, non du bel âge. Vous avez été les gardiens d'une vie chancelante dans notre première épreuve partagée, ravageuse. Vous avez été les garants de ma santé, de ma force, de ma résilience. Nous nous connaissons si bien, de façon si juste et magnifique.

Mon regret aujourd'hui est de ne pas vous avoir suffisamment aidés, vous aussi, toute à ma peine dévastatrice. Vous aussi vous étiez malheureux et j'étais ailleurs, égoïstement. Pardon pour mon absence. Je vous aime, vous êtes mes ailes et mon cerf-volant.

Merci encore et toujours pour tout ce que vous m'avez donné depuis ces milliers de jours sans fin. Pour votre présence et votre amour bouleversant pour lui, pour moi. Vous êtes mes Daddy's Cars.

Procès

Je te ferai grâce, pour ne pas perturber ton joli repos là-bas, de l'horreur absolue de ce qu'on appelle succession, héritage, en fait un grand déballage et un grand ressentiment étalés au grand jour, enfin au grand juge. Comment vivrais-tu ce vilain moment, toi qui étais si loin des contraintes polluantes de la vie ? Comment observerais-tu cette gangrène qui perturbe ma vie ?

Ce qu'on appelle avec pudeur un changement de train de vie va devenir un changement de vie tout simplement, et j'ai peur de ne pas pouvoir faire face à une nouvelle épreuve. Je suis démunie, tout est si fragile dans cet équilibre que je fais semblant de retrouver.

Toi, tu ferais quoi à ma place ? Qui t'aiderait dans ce bourbier où les bonnes intentions ne font pas loi ? Qui serait ton conseil ? Le pire peut-être est la négation de toutes nos années, l'attitude si hostile de la partie adverse, la trahison. Là n'est pas le sujet néanmoins, je reviens à la case départ : comment vivre loin d'ici, loin de toi, loin de nous ? Succession, héritage, je ne suis plus maîtresse de mon destin. J'attends la sentence. Tu peux m'aider, s'il te plaît ? Fais-moi un signe.

Je te raconte

Quoi de plus doux et touchant que ce petit chien qui attend tout de moi, la pâtée, la caresse, la promenade ? La vie au bout de mon bon vouloir. Je suis ce petit chien assis dans ta maison. Par ton absence je suis ce petit chien assis qui attend. J'attends tout de la force que tu m'envoies chaque jour, j'attends tout de ta présence évanouie, j'attends tout de cette commune attention qui nous relie encore l'un à l'autre. Jusqu'à quand ? Jusqu'où va le chemin escarpé qui nous permet encore de nous tenir par la main ou presque ? « Le temps ne fait rien à l'affaire », pour citer Molière, une nouvelle fois. C'est vrai, le temps qui passe ne change rien. Ma curiosité est revenue, je regarde les autres avec émotion, je voyage et je fais de nouvelles rencontres. Pourtant je suis comme un soufflé, très vite je peux retomber, tout aplatie par le manque de toi. D'un seul coup, la porte du souvenir s'ouvre, et mon élaboration laborieuse du plat aérien s'effondre. C'est inattendu, imprévisible, elle échappe à mon raisonnement, cette soudaine attaque du passé. Je subis, impuissante, l'assaut sauvage du manque comme une droguée en sevrage. Et puis, un projet, un rayon de soleil, un rendez-vous, et me voilà repartie sur mon petit cheval blanc, tous derrière tous derrière et lui devant. Le bonheur est dans le pré. Cours-y vite cours-y vite. Le bonheur est dans le pré. Cours-y vite, il va filer.

La malavie, ou ménage à trois

Ce matin, moins fière, moins combattante. Tu me faisais vivre un ménage à trois, toi, la maladie, je devrais dire la malavie, et moi. On se partageait le devant de la scène, elle te quittait, la vie, et toi tu me quittais. La maladie a gagné et nous a terrassés tous les deux cœur contre cœur, le 24 avril en un soupir à l'heure du goûter. J'en ai encore le silence effrayant en mémoire. La gentillesse des infirmières, Lika, les enfants si tendres, si bouleversés, et de nouveau le silence dans ce couloir assassin, dans ce couloir de la délivrance, aussi, pour toi, mon tendre, mon merveilleux amour, de l'aube grise jusqu'à la fin du jour, je t'aime encore, tu sais…

J'ai tout perdu, mais toi je t'ai gardé intact dans la pureté de mes sentiments. Veuve, c'est une entité, un requiem, un chant, un poème qui me berce tout doucement. La violence s'estompe un peu maintenant et la sérénité pourra peut-être un jour revenir me prendre par la main pour continuer la ronde. Promenons-nous dans les bois, le loup, la mort, même combat.

Investie

J'ai des cartes de visite au nom de la fondation. Je pars en province au nom de la fondation, je témoigne de ce que la maladie nous a imposé, je dis comment vivre à ceux qui à leur tour sont aidants. Je suis gourou Alzheimer, je milite pour l'amour inconditionnel qui doit animer les abandonnés, les sollicités, les malheureux accompagnants, ceux qui sont spectateurs d'un malheur annoncé et qui ne peuvent rien y faire, ceux qui restent impuissants devant l'effondrement d'une vie. Je suis une sorte de bonne sœur mal coiffée qui essaie de réconforter les spectateurs médusés par tant de misère cachée, tant d'épuisement et de courage à la fois, sans doute. C'est une autre personne qui se développe à l'intérieur de moi et qui milite pour qu'on aime ces patients. C'est vrai, ils sont patients, ces malades, ils attendent leur tour, leur dernier tour de manège, ils ne disent plus rien, on ne les comprend plus dans ces dialogues d'extraterrestres, on les materne, on susurre des mots d'amour, on se cogne aux murs d'une folie qui n'assume pas son nom, on se terre pour oublier le désespoir au milieu de ces sables mouvants qui nous volent notre amour, notre vie, on retient des larmes presque taries mais toujours prêtes à jaillir, on s'enlise, on se perd, on se cherche, en vain, pour exister encore un peu comme les autres, les voisins, les amis, les passants. On pense qu'on va s'en sortir, qu'on va voir une aurore boréale inattendue et lumineuse dans le ciel boueux de la maladie. On se rêve fée, magicienne, sorcière capable d'effacer cette ardoise mal écrite, salie par les miasmes du chagrin. Mon rouma, je reviens de cette conférence lourde de tout cela mais fière d'être le petit maillon d'une chaîne qui, peut-être, grâce à tous ces partages altruistes, se brisera et libérera enfin les prisonniers de ce fléau mortifère. ALZHEIMER.

Cauchemar

Faut-il parler de ce cauchemar que nous avons vécu, toi et moi ? Pour le meilleur et pour le pire… Oui, nous avons vécu le meilleur, mais en punition peut-être de cette chance-là, le pire est venu sournoisement se glisser dans notre quotidien, notre confort, notre insouciance d'enfants gâtés. Quand avons-nous commencé cette ascension douloureuse ? Quand avons-nous entrepris de nous battre contre les ailes de ce moulin qui n'en finissaient pas de tourner pour nous entraîner dans la spirale de la Maladie ? Quand avons-nous compris que c'était la fin des jours heureux, l'épilogue ?

Toi, mon tendre amour, avais-tu senti cet insidieux bouleversement, cette mutation, cette désertion qui te faisait changer inexorablement ? J'assistais impuissante à cette descente aux enfers. Tu n'en parlais jamais. Que vivais-tu dans le silence pudique qui te caractérisait ? Quels cauchemars éveillés hantaient tes pensées solitaires, la nuit ? J'assistais encore et encore année après année à une apocalypse qui me laissait terrassée sur le bord de la route, entre deux précipices vertigineux.

T'aimer ne suffisait pas pour te sauver de cet enfermement. La chance que nous avons eue sans doute, c'est ce métier du jeu qui, d'une certaine façon, nous a permis longtemps de faire semblant, de jouer avec les autres, de tromper notre quotidien par une normalité fictive. Nous pouvions encore, grâce à ta grande extravagance, donner un semblant d'illusion, à nous d'abord, et à ceux qui t'aimaient assez pour feindre d'y croire.

Je repense à ces soirées encore joyeuses au Théâtre Édouard-VII. Tu étais heureux, je pense, de cette amitié qui t'entourait et qui, un temps, nous a permis de vivre sans la peur d'un lendemain hasardeux. Ton regard me cherchait sans cesse et je savais que tu avais besoin de ce repère pour te sentir en sécurité au cœur de cette tempête incontrôlable.

Je voudrais encore être là, être ce phare, cette bouée, et que l'amour soit plus fort que cette destruction lente qui a anéanti l'ordre chaotique de ce que nous avions réussi à construire, une compréhension mutuelle et un regard tendre sur nos deux personnalités. « Elle est où Agathe ? » disais-tu. Je suis là, mon rouma. Je suis toujours là. Et toi. Où es-tu ?

Toussaint 2023, Précy

C'est la Toussaint. Je suis revenue dans ce petit village si ravissant où nous venions flâner souvent, c'est près de ton vrai chez-toi. Doublement, tu y habitais petit garçon pendant la guerre, à l'issue d'une autre guerre, tu as choisi de t'y retirer. L'endroit est calme, pléonasme, pas vraiment joli, pas laid non plus, banal, si peu à ton image. Ton lit de pierre est simple, tes parents t'accompagnent ou plutôt tu es venu leur tenir compagnie. Tu as été un fils aimant, respectueux de ton père, admiratif de ta maman, dont tu louais la forte personnalité.

En ce jour pluvieux, selon la tradition, je t'apporte des fleurs et je prends un petit verre de ratafia près de toi, assise sur ton lit, et, je ne sais pas pourquoi, dans ce contexte peu joyeux, quoique apaisant, je repense à toutes ces anecdotes de tournages.

Celle-là, entre autres : toi dans une piscine de banlieue, dès neuf heures du matin, nageant puis sortant de l'eau froide. Dix fois, vingt fois, trente fois, pour le bon plaisir d'une réalisatrice qui exerçait son pouvoir maléfique sur toi, encore et encore, jusqu'à ce que ta partenaire, qui subissait le même sort, fasse une crise de nerfs, épuisée par cette épreuve de natation matinale.

Les souvenirs de tournages revisitées près de toi au cimetière, c'est incongru, mais cohérent. Tous les deux nous aimions parfois, dans le vieux cimetière de Vézelay, retrouver Ysé, l'héroïne de Claudel, l'amie, le temps d'un week-end en Bourgogne. Les cimetières peuvent être pour les vivants de petites retraites passagères, où il leur est possible de faire un retour dans le passé et de trouver un apaisement près, tout près de l'être aimé disparu, encore un peu présent sous les fleurs et protégé par le silence devenu plus léger dans ce lieu intemporel.

Mon amour, quelles autres anecdotes pour refaire le parcours ? Les petits riens du quotidien, les musiques, les chansons, ta voix. Jean Anouilh qui t'aimait beaucoup te faisait répéter certains jours le mot « pauvre ». Il aimait la profondeur que tu donnais au mot en le disant avec conviction, tristesse et beauté. Le mot « pauvre » pour lui, dit par toi, devenait un chant.

« Les morts, les pauvres morts, ont de grandes douleurs… » Qu'en est-il des vivants ?

P-S : Tu aimais raconter l'histoire de ceux qui trinquent non pas en cognant leurs verres l'un contre l'autre, mais en approchant simplement le dos de leurs mains tenant les verres, comme une caresse, pour que les patrons n'entendent rien. Tu étais si peu patron. Colonel !

Sonate d'automne

Pour la première fois ce soir j'ai eu le courage de regarder un film avec toi. C'est drôle de dire avec toi, oui, c'est bien cela, avec toi à côté de moi. C'est un film qui me rend douce et indulgente, c'est un film que j'aime parce que j'y retrouve ta tendresse. C'est un film qui révèle ce que tu as de secret et de pudique, ton humanité. *Pièce montée.*

D'autres révèlent ta truculence, ou ton humour paillard parfois, d'autres ton goût du noir, du sombre, de ton âme grise. C'est si spécial d'étudier ce qu'un acteur comme toi peut livrer dans chacun de ses films. Ce qu'un homme peut révéler de sa personnalité. Tu disais, pour rire, j'espère : « J'attends le jour où je n'imprimerai plus la pellicule. » C'était de l'humour, mais cela t'amusait de jouer avec le feu.

Tout t'amusait dans ces moments de tournage. Un jour, tu tournais avec un comédien particulièrement rebelle, bien sûr tu l'adorais. Tu devenais gamin, partenaire idéal de ses dérives, et vos bouteilles d'Évian, le réceptacle d'un rhum blanc qui ne trompait personne. Cela te réjouissait au-delà du raisonnable.

Tu aimais t'amuser, la cantine, les techniciens, les

habilleuses. Tu aimais les hôtels, les tournées, les pivoines. Toi qui pouvais être reclus profondément dans des pensées secrètes, tu étais à d'autres moments aussi joueur qu'un enfant pas sage. J'aimais cette personnalité changeante, imprévisible, qui chassait l'ennui de nos vies. Ce pouvait être déroutant et parfois douloureux quand, sur un mot maladroit, tu imposais un long silence boudeur, sans autre explication qu'une porte qui se refermait sur ton agacement. Tu avais la franchise de dire : « Je suis de méchante humeur », et tu attendais qu'elle te quitte pour sortir du petit bureau.

Que de mystères il renfermait, ce petit bureau ! Tu y téléphonais beaucoup à Jean, Jean-Paul et les autres. Comme je t'entends encore rire, rire de vos échanges d'éternels potaches de Saint-Germain-des-Prés. Tu y travaillais aussi, dans ce petit bureau, sérieusement, avec une attention particulière à ce qui pouvait être anecdotique pour d'autres, mais qui était primordial pour toi, la gestuelle et le costume de ton personnage. Tu aimais que le costumier vienne chez toi et tu pouvais avec patience essayer durant des heures ce qu'il te proposait, jusqu'à trouver la tenue la plus juste. Voilà donc ce soir, ensemble, nous t'avons regardé. Quatre ans… et je n'ai pas pleuré. J'en suis triste.

Je pense aux jeunes gens qui t'aimaient tant. Baptiste, Philomène, Pierre-François, Manu, Julie. Et cela me fait plaisir. Les mois d'avril sont moins meurtriers, ce soir.

Mon ange

Presque quatre ans que tu es parti faire ton grand tour du ciel en solitaire, enfin du moins, sans moi. Quatre siècles, il me semble. Je pourrais écrire sans jamais mettre le mot fin à notre aventure, mais ton départ et ton grand lit froid dans le cimetière me forcent à régler ma note, ce que je dois à la mort, au deuil, à l'absence, au néant vertigineux que tu laisses derrière toi. Il faut que cette facture soit payée et que nous ne soyons plus que tous les deux dans des retrouvailles magnifiques, intimes, apaisées.

J'ai réglé son compte à ma rivale, la grande faucheuse. Je t'ai écrit beaucoup ces derniers mois pour ne plus jamais te perdre, pour ne jamais te laisser seul, pour ne jamais être séparée de toi. J'ai mangé ma soupe sur les bancs publics pour ne pas retrouver trop tôt la maison orpheline de toi, j'ai marché tard le soir pour ne pas rentrer chez nous, j'ai erré dans les supermarchés pour oublier que tu ne serais pas assis dans ton fauteuil quand j'ouvrirais la porte du salon. Avec ces lettres, mon amour, j'ai compris qu'aujourd'hui rien ne pouvait plus nous séparer, tu me manques atrocement mais, après ce que tu as souffert, je suis heureuse que toi, tu ne sois plus là pour vivre ce cauchemar.

J'ai compris que je ne suis pas une vraie veuve, je ne ferai jamais notre deuil, je ne serai jamais seule, tu es avec moi et rien ne pourra plus jamais nous séparer, c'est trop tard, la vie nous a fait un cadeau incroyable, notre rencontre, nous étions tous les deux cabossés, nous nous sommes réparés, restaurés. Va, voyage, enroule-toi dans les nuages, fais-moi signe parfois, regarde-moi parfois un peu, et malgré toute cette douleur, malgré toutes ces larmes, je danserai pour toi, avec toi, jusqu'au jour où moi aussi je commencerai mon tour du ciel en quatre-vingts pirouettes pour te retrouver. Clap de fin.

Remerciements

Merci à Mireille factrice sans qui tu n'aurais jamais pu recevoir ces lettres.

Merci à Isabelle et Patricia mes anges essentiels.

Merci au père Noël danois.

Merci à tous les amis qui m'ont aidée à vivre, de mois d'avril en mois d'avril, depuis cinq ans. Serge et Sophie, Christelle, Évelyne et Pierre, Zana et Bernard, Nicole et Josée, Amélie, Anne, Véronique, Gina qui veille à mes cheveux en bataille comme tu aimes, Olivier, Bruno et les amies de la fondation Recherche Alzheimer, Grâce, Claire-Marie, Laurence, Jean-Claude, Alain et Michèle, et surtout toutes mes amies veuves si belles et si courageuses. Et pensées à notre soprane préférée dont la note principale, Didier, s'est éteinte un peu avant toi.

Merci à tous ceux qui continuent de t'aimer. Baptiste, Manu, Philomène, Madeleine, Robinson et Pierre-François tout particulièrement.

Merci à Roméo, petit compagnon de ma nouvelle vie.

Et merci à mes parents qui m'ont légué leur force en héritage.

RÉALISATION : NORD COMPO À VILLENEUVE-D'ASCQ
IMPRESSION : NORMANDIE ROTO IMPRESSION S.A.S À LONRAI
DÉPÔT LÉGAL : MARS 2024. N° 154824 (2400195)
IMPRIMÉ EN FRANCE